NAVIGATING Your Future Success, 2E

你的未来
不是梦 （第二版）

[美] 布鲁斯·科尔伯特 著　　刘跃雄　赵晓颖　王春春 译

中国社会科学出版社

图字：01—2014—5028

图书在版编目（CIP）数据

你的未来不是梦：第二版 / （美）布鲁斯·科尔伯特（Bruce J. Colbert）著；
刘跃雄，赵晓颖，王春春译. —北京：中国社会科学出版社，2017.11
书名原文：NAVIGATING YOUR FUTURE SUCCESS, 2E
ISBN 978 - 7 - 5203 - 0457 - 3

Ⅰ.①你… Ⅱ.①布… ②刘… ③赵… ④王… Ⅲ.①学习心理学－青少年
读物 Ⅳ.①G442-49

中国版本图书馆CIP数据核字（2017）第099477号

出 版 人	赵剑英	
责任编辑	黄 山	
责任校对	张文池	
责任印制	李寡寡	

出 版	中国社会科学出版社	
社 址	北京鼓楼西大街甲 158 号	
邮 编	100720	
网 址	http://www.csspw.cn	
发 行 部	010—84083685	
门 市 部	010—84029450	
经 销	新华书店及其他书店	

印 刷	北京明恒达印务有限公司	
装 订	廊坊市广阳区广增装订厂	
版 次	2017 年 11 月第 1 版	
印 次	2017 年 11 月第 1 次印刷	

开 本	710×1000	1/16	
印 张	16.25		
字 数	283 千字		
定 价	48.00 元		

目 录

第三章　资源管理

第四章　有效的学习策略

第五章　学习风格、记忆和考试

第六章　创造性思维和决策能力

第七章　用行动沟通

第八章　小组互动和团队建设

第九章　求职与领导力发展

第十章　提高个人健康水平

压力管理

学习目标：

通过本章节的学习，你将掌握以下内容：

- 压力的概念
- 压力的类型
- 压力产生的原因和影响
- 压力水平的鉴定
- 正向压力与负向压力
- 构建"两步压力管理系统"
- 提升自我压力管理水平

我的学生成功实验站

"我的学生成功实验站"是一个在线解决问题的网站，它可以帮助你不断提高个人能力和职业能力，使你越来越强大且自信。欢迎访问网站：www.mystudentsuccesslab.com。

为什么学习压力管理？

压力管理是一项基本技能，学会管理压力有助于我们拥有一个健康、快乐、成功的人生。压力失控后，我们的身心健康、学习工作状态、决策能力、人际关系等都会受到影响。压力影响学习状态，美联社和MTV频道曾经对大学生压力状况进行联合调查发现：85%的大学生每天都处于压力之下；60%的大学生感觉压力很大，诸事缠身却又无法完成任务。因此，压力管理直接影响我们的学业能否成功。

然而压力管理系统复杂且难以掌握。没有一篇文章能教会你用十几步方法就完全解决生活中的压力问题。生活中完全没有压力是不可能的，学习、掌握解压方法本身就会给人带来压力。每个人的生活各不相同，但我们却希望有一种通用的压力管理方法来解决所有问题。某一种方法可能对其设计者有效，但对于身兼数职的学生可能却收效甚微，比如那些既是雇员，又是学生，同时又是单亲妈妈的人。下面给大家介绍一个更具操作性的"两步压力管理系统"。希望大家通过本章的学习可以构建一套对自己学业、生活和工作都有所裨益的压力管理系统。

导言

　　学习生活本应是一种积极、愉快的体验，但如果缺乏良好的压力管理能力则可能使你身陷困境中（如图1—1所示）。若出现图中的状况，请思考以下问题："放学/下班后"一图中的状况是你日常生活的真实写照吗？如果长期处于这种状态，你能否保持良好的成绩？个人能否保持良好的生活状态？另外，想一想，回家后你对待家人的态度是否如图中所描述的那样？影响你人际关系的因素有哪些？阅读本章时请记住这幅图。

图1—1	你也如此吗？
上学/上班前	放学/下班后

　　学会将压力变为优势之前，首先要对其有所了解。本章将全面介绍有关压力的知识，这些知识将为你构建压力管理系统提供坚实的基础。同时，你需要懂得如何让压力为你所用，而不是反被压力所控制。

　　在构建压力管理系统前，一定要了解你当前所承受的压力水平。通过练习1—1，可以测量你的压力状况，了解学习压力管理对于改善生活的意义。

练习1—1	测一测你的压力指数

请用数字1—4对以下描述进行等级评估：

1=很少　　　　2=有时　　　3=经常　　　4=总是

1.我感觉自己精力不足，很累很疲惫。

2.我总是担心很多问题，担心事情的进展如何。

3.我总是关注那些出错的事情。

4.我觉得需要把事情做得很完美。

5.我不运动不锻炼。

6.我总是感到悲伤。

7.我大脑运转很快、思维敏捷。

8.我勇于替他人承担责任。

9.我总想控制别人。

10.我感觉很多事情都做不好。

11.我因为害怕失败而避免去冒险。

12.我总是让工作堆积如山。

13.我感觉自己被往各个方向拉扯着。

14.我的态度很消极。

15.我会因情绪紧张而头痛。

16.我有睡眠障碍。

17.我对环境很敏感。

18.如果我很轻松或者无事可做，我会有罪恶感。

19.我没有幽默感。

20.我经常因为一些小事就生气。

把你所选答案的数字加起来，看看你的压力指数是多少：

60—80：本章的内容也许会改变你的生活。

50—59：你对压力已经失去控制，本章内容对你很重要。

40—49：你所承受的压力已经引发很多问题，本章内容会对你有所帮助。

30—39：压力已经影响了你的生活，本章内容将帮你减压。

20—29：压力水平控制的不错，但仍需继续努力。

压力到底是什么？

压力是什么？我们一直对压力存有误解——我们总希望能轻松地、没有压力地完成任务、实现目标，但实际上生活中是需要有一定压力的，因为适当的压力会对生活起到积极作用。比如人体的正常体温是37℃，我们必须将体温控制在37℃上下的合适范围，否则身体机能会紊乱，甚至会死亡。多数情况下，外界的温度是低于人体体温的，这就和体温之间产生一定的压力，我们称之为"体压"。当我们在一个21℃的房间里，室温与体温之间产生了压力，我们却因此感到舒适。人们为了适应外界环境，必须将自身体温保持或调节到正常范围。在看似毫无感觉的情况下，身体其实已经承受着来自外界的各种压力。为了能够生存下来，身体一直在进行自身压力的调节。

适当的压力会对生活起到积极作用还反映在突然遇到紧急情况时，身体会作出"迎战还是回避"的反应。危险到来，我们的身体感受到压力，通过一些生理上的变化让你做好准备。比如，为了把物件看得更清楚需要让更多的光线进入眼睛，此时瞳孔会变大；为了给肌肉传送更多的氧气，心跳会加速；为了让呼吸更容易，支气管会扩张以便打开肺部的气道。

压力的最佳定义

压力最好的定义是什么？如果你读过有关书籍，就会发现关于压力，有很多不同的定义。美国职业压力协会的压力理论之父汉斯 谢耶(Hans Sale)对其解释是：人体应对环境刺激而产生的非特异性反应。这个表述没有问题，但我们将用更通俗的语言去定义压力。上文提到，某些压力对维持身体机能的正常运转是很有必要的，但是如果压力失去控制，就会给我们带来伤害，因此我们要关注大脑和身体如何对压力作出反应（压力所产生的生理、心理反应）。本书中的定义是：压力是指大脑和身体对环境做出的反应，这种反应很大程度上由人们对事情、他人、情境的看法所决定。

身心关系　　"大脑和身体作出反应"强调了身体（生理反应）和大脑（心理反应）之间的联系。美国医学界普遍认为压力会引发一系列健康问题。当今社会，心肺疾病已成为世界第一大疾病。很多肺病是由吸烟导致的，而吸烟是一种很不健康的压力应对方式。同样，心脏疾病通常是因为节食、吸烟和缺乏锻炼等引起的，而这些行为正是人们不会正确处理压力的表现。看看你的身体有没有如下反应，这些反应都是压力的外在反应：

- 我喘不过气来；
- 我的心跳很快；
- 我的大脑很疲惫；
- 我的胃很疼。

图1—2　　　　对同一个程序的不同态度

 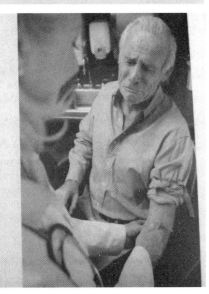

献血者A　　　　　　　　　　献血者B

心态决定压力　"人们对事情、他人、情境的看法所决定"这句话强调的是"人们的看法"。献血实验证明了心态的重要性。图1—2是两个首次献血的志愿者。

献血者A在整个抽血的过程中很平静、很放松，保持微笑，甚至还和医务人员开玩笑。而献血者B却压力很大，他在整个过程中高度紧张，身体不停出汗。同样是抽血，同样的医生，同样的环境，甚至抽血的工具都一样，但是两名献血者的反应却完全不同。那么差异在哪儿？

很明显，献血者A的心态更积极，献血者B面对抽血却充满恐惧。不同的心态让他们出现了不同的压力反应。所以，很多时候压力由态度决定。"压力是自己带来的"，这让人们很难接受这一观点，但是，如果确实是自身原因造成的压力，我们就有办法去控制它。

汉斯·谢耶发现很多因素都与压力有关。他将引发压力的事件称为"压力源"或"诱因"，因此我们要注意生活中的压力源并学会控制它们。下面我们就用练习1—2来试一下。

练习1—2　　　　　你的压力诱因是什么？

请列举并描述你生活中三个主要的压力源或诱因。

1.＿＿＿＿＿＿＿＿＿＿＿＿＿＿＿＿＿＿＿＿＿＿＿＿＿＿

2.＿＿＿＿＿＿＿＿＿＿＿＿＿＿＿＿＿＿＿＿＿＿＿＿＿＿

3.＿＿＿＿＿＿＿＿＿＿＿＿＿＿＿＿＿＿＿＿＿＿＿＿＿＿

压力的类型

如前所述，压力是我们基于看法、态度而产生的生理和心理反应。可以将压力分为两大类：外部压力和内部压力。只有全面地了解和认识压力，我们才能更好地去管理压力。

外部压力源

外部压力源包括生活环境、社会交往、重要的生活事件与日常生活中的琐事。换句话说，外部压力源是除了你自身之外的任何事物。请看下表1—1中所列举的外部压力源。

表1—1	外部压力源
外部压力源	举例
生活环境	噪音、光线亮度、拥挤的空间等
社会交往	不良的人际关系、不友好的互动、新的社会环境等
重要的生活事件	开学、搬家、结婚、离婚、失业或者跳槽、家人生病或死亡
日常生活琐事	工作或上学、修车、支付账单等

内部压力源

内部压力源包括生活方式、性格特征、消极的思维方式，比如太悲观或太苛求自己。想象一下一个完美主义者如果犯了错，他会怎么想；完美主义者可能会有不切实际的期望。请看表1—2中有关内部压力源的例子。

表1—2	内部压力源举例
内部压力源	举例
生活环境	噪音、光线亮度、拥挤的空间等
社会交往	不良的人际关系、不友好的互动、新的社会环境等
重要的生活事件	开学、搬家、结婚、离婚、失业或者跳槽、家人生病或死亡
日常生活琐事	工作或上学、修车、支付账单等

压力的危害

事实上，每个人都有内部压力源和外部压力源。你可能正在为重要考试而忙于复习，也可能正找工作、要去参加一场面试，或者正在面对一些重要生活事件。关键是你能否掌控这些压力源，将其转化为一种积极的生活体验。首先，我们来分析一下，如果掌控、处理不了这些压力源，会发生什么状况，这就是压力带来的危害。本章节将告诉大家如何以积极的方式面对压力，并分享一些有效的压力管理方法。

长期压力

无论处于何种境遇，最重要的一点就是不能让压力对我们造成消极影响。一个人如果长时间处于压力之下是相当危险的。长期的压力会使人们出现各种不良反应，会从生理、心理、情绪、行为等多方面影响人们的生活。

长期压力的生理表现包括多汗、肌肉疼痛、消化问题、没有食欲、头疼以及嗜睡等。在心理上的表现主要有：焦虑、健忘、思绪混乱、恐慌以及缺乏幽默感；其中情绪上的变化有：焦虑、紧张、害怕、易怒、缺乏耐心甚至抑郁；行为上的变化有：酒精摄入量越来越多、胃口改变、吸烟、药物滥用、睡眠不足、咬指甲以及攻击性行为增加等。这些表现，有没有哪些是你曾经出现过的？

压力与疾病

40年前，健康专家可能会否认压力与身心健康的关系，但是现在，很多研究都表明，压力确实会导致疾病。长期压力会引发心血管疾病、免疫功能下降、性格紊乱、情绪压抑、溃疡和偏头痛等健康问题。实际上，压力已经成为人们在快速生活中面临的头号问题。我们看看以下问题：

- 长期压力会削弱免疫系统；
- 在美国1/3的人死于心脑血管疾病，压力是致病的主要因素；
- 很多心脏病人在星期一早晨发病；
- 在美国预计有6500万人因压力引发高血压；

- 研究表明压力导致激素水平上升，从而女性更容易骨质疏松；
- 长期处在压力之下，人们的皮质醇水平会长期偏高，从而导致腹部脂肪堆积。

压力与工作

压力会对我们的工作产生重要影响。美国职业安全与健康研究所研究表明，工作压力会比其他生活压力引发更多的健康问题。美国压力研究所网站上的研究也表明80%的员工感到工作有压力，但是只有一半的人表示需要压力管理方面的帮助。

压力与学习

因为压力与学习之间有重要的关系，所以将学习压力管理作为大学生活的第一步。明尼苏达大学博因顿健康服务所调查了14所2—4年制学校的9931名学生，将其学习成绩（以GPA分数为标准）与健康状况进行比较，研究发现有不良行为习惯的学生GPA分数明显偏低。而且，研究表明压力是导致GPA分数偏低的主要因素。69.9%的学生报告自己有压力，32.9%的学生认为压力已经影响了自己的学习成绩。但令人高兴的是，研究发现，那些认为自己可以管理压力的学生，其学习成绩明显比那些认为自己对压力毫无办法的学生要好很多。也就是说，如果每个人都能管理自己的压力，那么压力就不是什么问题。

正向压力与负向压力

汉斯·谢耶先生曾说过"压力是生活的调味剂"。这句话告诉我们，如果没有压力，人们将很难进步。没有压力的生活也会因为没有进步变得无聊，进而产生另一种压力。谢耶曾经用"正向压力"一词来形容积极的压力，用"负向压力"来形容消极的压力。

惊人的事实

美国压力研究机构调查发现，在美国，每年大概有3000亿美元用在与压力有关的赔偿问题上，比如员工因压力导致的补偿申请、工作效率降低、缺勤、事故以及医疗保险等（数据来自美国压力研究机构）。

我们将用通俗易懂的方式来帮助你理解"正向压力"与"负向压力"。

处于合适的压力范围

本章节的主要任务就是帮助你开发一套适合自己的压力管理系统，使你处于正向压力范围。所以你要尽力抓住机会学习、练习。首先，你要知道自己的压力源及压力反应，这样才能明白自己什么时候处于压力失衡状态。换句话说，就是能够知道自己何时会踏入负向压力范围。我们经常会忽视压力诱因，但正是这些诱因引发了机体生理和心理反应。这些反应对保持身体健康和积极乐观的人生态度十分有用，能够使你保持清醒，并及时处理各种事情，以免堆积到无法承受的地步。

再强调一遍，并不是所有的压力都是有害的。比如，生存压力就是一个重要且必要的压力。人们在生活中遇到危险的时候，交感神经系统，也称为"迎战或回避"系统，将被唤起。交感神经系统做出某些反应会大大提升人们的生存几率。换句话说，在危险情境中，你的身体会做好"迎接战斗"或"回避危险"的准备。生理和心理反应包括以下几点：

- 肾上腺素增多，提供更多的能量；
- 心率加快，向肌肉提供更多的氧气；
- 血压升高，向大脑输送更多的血液；
- 瞳孔扩大，可以看得更清楚；
- 深呼吸，可获得更多氧气；
- 高度警醒状态，可集中注意手头的工作。

以上所有的反应都帮助你做的更好，这就是"正向压力"的影响。虽然我们不希望经常处于这种"迎战—回避"反应中，但是却有必要做好准备，以免真的遇到危险而不知所措。压力对我们处理重要的事情是很有用的，关键是要把握压力的度。

正向压力

"迎战或回避"的应激反应是人们遇到危险时积极的应对方式。但如果面对的是生活中很平常的事情，如考试、工作面试或者是在同学们面前演讲，我们该怎么做呢？研究表明，适度的压力感会比超级放松让我们表现得更好。如果你没有任何压力，或许会因此失去动力，反而表现得不够好。因此适当的压力能够增加斗志。但是，如果压力超过了自己的承受范围，就会产生恐慌，从而使你踏入负向压力范围。在负向压力范围内，过度紧张、焦虑会让你很难表现好。

因此，学习"两步压力管理系统"首先要做的就是学会识别自己的正向压力范围和负向压力范围。下面做练习1—3，它将帮助我们明确自己的正向压力范围。

练习1—3	确定正向压力范围

用至少三个词语或者句子来描述你处于正向压力范围内的状态，也就是说，选择一些词语描述你状态很好，动力十足，甚至达到自我巅峰状态的样子。比如，高兴、聚精会神、富有幽默感等词语，或者"我的效率很高""我感觉很轻松"等句子。记住，尽可能多写一些，以便你了解自己积极的压力状态。

_____

_____

_____

请牢记这些词语和句子，接下来我们要用它们构建你的压力管理系统。

负向压力

如前所述，有压力是很正常的，我们需要让压力为我们所用。但是，如果压力已经超出了自己的承受范围，从正向压力变为负向压力，那就会变得很危险。因此你要知道何时会超出正向压力范围。了解这个变化过程最好的办法就是确定自己面对压力时的生理和心理反应与变化。之前我们已经讨论过压力的危害，知道压力引发的最坏状况是什么。毫无疑问，一个无法控制压力的人会有很多问题，如经常缺勤、学习困难。如果负向压力持续很长时间变成了长期压力和习惯性压力，情况将变得更糟。美国压力研究所列出了一些负向压力带来的影响，包括以下几个方面：

- 高血压、心脏病、中风
- 胃痛
- 睡眠不足或者失眠
- 免疫系统功能下降
- 消极等性格的改变
- 出现学习问题
- 经常性头疼

实际运用：预防与早期干预

近些年，预防医学日渐引起人们的关注，相对于传统的生病后再治疗，它是一种新型的治疗方法。有紧张性头痛的症状表示你已经有一段时间一只处于负向压力范围了。如果能够在尚未头痛之前识别出一些早期的症状表现，并及时给予干预，可能会避免头痛的发生。在刚进入负向压力范围的时候，是有一些征兆的，如一些紧张性行为：咬指甲、拽头发、抖腿或者转笔等。如果及时干预，将会避免更严重的问题。但是自我察觉的意识是很难的，因为生活中的很多习惯是自然发生的，以至于很容易忽略它们。所以，如果你发现自己抖腿，要及时控制住，这样就可以避免产生肌肉紧张、胃痛甚至头痛等一系列更严重的问题。

两步压力管理系统

我们已经学习了压力的基本知识，在此基础上可以构建自己的压力管理系统了！注意并牢记以下的每个步骤，因为你会经常使用。

第一步：明确自己的正向压力范围和负向压力范围

在练习1—3中，你已经确定了自己的正向压力范围。你需要做的是维持自己的正向压力水平、降低负向压力水平。现在，我们将通过练习1—4继续关注你的负向压力范围。

练习1—4	确定负向压力范围

列出一些你处于负向压力时生理和心理的变化，尽量多写一些。也就是说，当你状态不好、陷入迷茫，身体机能明显有问题的时候，你会有哪些表现，比如肚子痛、健忘、容易紧张、眼睛抽动、容易出错、脾气暴躁、头痛或者肌肉紧张。根据自己实际情况，列出自己的反应症状。

_____

_____

_____

根据练习1—3和1—4中的内容，可以制作一个自己的正向压力范围和负向压力范围对比图。在练习1—5中，你将会发现自己的压力状态图表。这样就可以更直观全面地了解自己的正向压力范围和负向压力范围。此外，还可以看到自己负向压力范围的进展变化，这样就可以提前进行干预，有助于重回正向压力范围。先来看图1—3中的压力图表样例。

图1—3　　　　　　　一个完整的压力图表

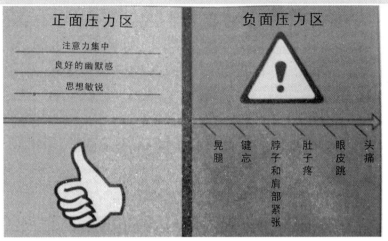

练习1—5　　　　　制作自己的压力表

对照图1—3的模式，把练习1—3中所描述的内容填在图1—4中的正向压力范围，把在练习1—4中的内容填到图1—4中的负向压力范围，并按照进入负向压力范围时各种表现症状出现的顺序填写。完成后与图1—3进行对比。

图1—4　将练习1—3中所写的内容填在正向压力区范围，并把练习1—4中所写的内容按照习惯性的顺序填在负向压力范围。如果需要可自己增加横线或空格。

现在我们已经完成了第一步"明确自己正向和负向压力范围"，你的压力管理系统会告诉你如何判断自己处于正向压力范围内，更重要的是，它会让你知道什么时候会进入负向压力范围，从而及时地进行干预以避免产生更严重的后果。

我们以图1—3的内容来举例说明。如果当事人在抖腿的时候就给予干预，那么他很快就会返回到正向压力范围内。但是如果没有进行干预，有可能会向更严重的情况发展，比如头痛。

患有经常性头痛（一周4—5次）的人使用压力管理系统后，头痛次数会降低至一周一次甚至不再头痛。因此如果能够注意到压力的早期征兆，比如因为紧张而一直抖腿或者扭动脖子，这个时候就能够及时控制并采取措施，就会避免发展到更严重的地步。

接下来介绍制作压力表的几个注意事项：

- 压力表的内容会不断丰富；
- 一般情况下，紧张状态下的行为表现，如转笔、抖腿或咬指甲，都是你即将进入负向压力范围的早期征兆，一定要提高警惕；
- 确保你的图表中包括生理和心理两方面的症状表现；
- 每隔几个月就看看自己的压力图表，看是否需要添加新的内容；
- 记录一些绘制压力图表后又出现的症状（如头痛），用图表记录下自己减少其发生的过程；
- 可以让身边的人帮助你，让他们注意观察一下你紧张时的表现或过度反应，他们能看到你自己所不知道的一些行为表现。

制作完成压力图表后我们开始第二步的学习。你意识到自己负向压力的范围后，通过第二步的学习，就可以用一种健康的方式进行干预并重新返回到正向压力范围。

- - - - - - - - - - - - **真实案例：成功制作压力表** - - - - - - - - - - - - -

人们经常意识不到紧张引发的习惯性行为。有一位患者一周5个工作日都头痛，她否认是因为紧张引起的。有压力的时候，她就开始很频繁地转笔，但是仍然否认自己紧张，直到这个行为引起了她的注意。她说："我根本没有意识到我一直在转笔"。她的朋友说："当你压力大的时候，你总是咬头发。"另一个同事说："你都不知道你一直按笔帽还来回摩擦你的下巴，我都快受不了了。"于是她在15分钟内完成了自己的压力图表，找到了很多早期的压力信号，可以使她在头痛前采取措施进行干预。她说6个月内紧张性头痛已经降到了每周1—2次，生活质量发生了翻天覆地的变化。

第二步：掌握健康的预防方式

在这里我们要特别强调"健康"一词。如果每次踏入负向压力范围内，你都会喝酒、滥用药物或暴饮暴食，那么你会很容易上瘾。这是一种不健康的压力应对方式。那么什么是健康的应对压力方式呢？这需要根据自己的情况而定。本章将会介绍一些正确的压力应对方法。当然这些方法只作参考不是对任何情况都有效。

运动　运动可以释放压力。至于采取什么类型的运动需要根据自身情况而定，可以只是简单的快走，也可以选择慢跑、骑自行车或是举重。最好找一个热爱运动的小伙伴一起，或者加入运动队，都有助于你坚持运动。

有氧运动可以释放内啡肽，这种激素是人体自然的镇痛剂和改善情绪的有效剂。运动可以帮助你远离负向压力区域。如果你发现自己快要进入负向压力范围了，那么就赶快去运动，也许只是快走就可以让头脑清醒过来。

不一定非要放弃一些工作或必须在休息的时候才能运动，只要你感觉有压力了，运动随时可以开始。这就是为什么要根据不同情况选择多种有效的方法来应对压力。办公族或者电脑族可以做些"办公室运动"，比如伸展一下身体就可以缓解紧张。有些单位会在工作日开展办公室有氧运动和工间操。

营养/睡眠　保持健康的生活习惯，如睡眠充足、营养均衡，即

使面对压力也能积极应对，让自己保持在正向压力区范围内。就像我们在运动前要喝少量水，而不是等到渴得不行了再喝。充足的睡眠对维持人体正常机能、应对压力是非常有用的。研究表明，睡眠不足的人容易生病、脾气暴躁、注意力不集中。健康专家建议成年人要保证每天至少7—9个小时的睡眠。

睡眠不足、营养不良会导致身体机能下降，此时任何一个小的诱因都会让你进入甚至长期处于负向压力范围内。如果一个人长期处于负向压力之下，则容易引发诸如高血压、糖尿病、心脏病等慢性疾病。

营养均衡也是很重要的。它可以帮助我们去战胜负向压力和疾病。获取营养的方式之一就是多喝水。水是人体最重要的组成成分，它可以促进营养物质的消化和吸收，以及排泄废物。为了身体健康，每天要至少喝6—8杯水。

休闲/爱好/音乐 休闲娱乐是应对压力的一个好办法。身体和大脑都需要放松，做喜欢的事情或者听喜欢的音乐，可以使大脑得到休息。只有大脑得到足够的休息，我们才能正确地看待的压力，并让自己重新返回正向压力范围。

生活中遇到重大问题的时候，我们越关注它就越会感到紧张和情绪化，就越找不到解决的办法，甚至什么都想不出来，什么方法都没用。其实这个时候，只需要15分钟的放松，这短短的轻松一刻大有益处。

当问题带来压力的时候，我们需要休息一下，做其他事转移注意力，问题通常会戏剧化地得到解决，并不需要人们绞尽脑汁、冥思苦想。其实这并不神奇，只是人们的潜意识起了作用。在接下来的章节中会讲到很多关于潜意识的内容。实际上，将问题和情绪暂时搁置，放松一下，保持头脑冷静，这都有助于问题解决。

幽默疗法 有人估计孩子一天大约笑100次，那么成年人一天笑几次？和孩子相比，你笑得够吗？

幽默也是一种心理效应，它有助于减轻压力、缓解焦虑、解决问题。有时，我们和别人处于窘境时，一个笑话就可能打破僵局，化解尴尬。常言道："笑是万能药。"幽默疗法甚至经常作为药物治疗的辅助疗法而被用于临床治疗中。

增加幽默感有很多方法。可以讲讲笑话，使自己处于幽默的状态。最有效最简单的工具就是微笑，而且最好经常大声地笑出来。多找找生活中的幽默事情，不要害怕别人笑话你，但千万不要忘了，学习和工作的时候要严肃认真。

学会幽默以后再处理生活中的棘手问题就会轻松一些，比如，处理交通事故时，给对方一个微笑就能缓解现场的紧张气氛。通常微笑的时候内心的情绪也不会太差，这就可以避免事态失去控制，影响一天的生活。下面做练习1—6，来证明微笑的力量。

练习1—6　　　　　　　简单有效的方法

可以一个人做，也可以找个小伙伴一起做。请面带微笑，但心里很生气，或想一件让你感觉非常糟糕的事情。记录下来会发生什么，微笑是怎么帮助你的。

_____

_____

_____

以后如果你感到紧张或对某件事情束手无策的时候，就坐下来让自己试着去微笑。有时候最简单的方法最管用。

社会支持　社会支持来源于朋友、亲人、爱人、社团成员或你参加的俱乐部，他们都可以帮助你释放压力。需要注意的是，人际关系也会引发负向压力。但是你只需要注意自己的早期征兆就可以了，当警钟敲响时，积极地采取行动让自己返回到正向压力范围内。

尽管社会支持是很有用的，但是你仍需要经常与自己进行对话。完成练习1—7，将帮助你更好地减轻压力。

练习1—7　　　　　　　减轻压力

是否有时候会感觉不公平？是否朋友的独特个性令你发狂？是

否会有一件事压得你喘不过气来？

找一个有录音功能的设备，尝试与自己对话，并录下来，就像对一个特别可靠的朋友在倾诉。可以真诚地、野蛮地，甚至不讲理地诉说，但一定是基于事实的。把所有的不快都发泄出来，等几个小时或者一天后再听听录音会是什么感觉？你会同情自己吗？当然也可以找个信任的人一起听。

除了录音倾诉，找好友倾诉和写日记也是很有效的方法。

放松的技巧 学会放松可以使人头脑清醒、反应敏捷。很多人都会以事情太多、太忙、没时间放松为借口。其实如果真的很忙，那更需要放松身心，以储备能量，否则继续下去会崩溃的。就像手机要充电一样，你也需要去放松、补充体力，这样你才能知道自己的需求。在此介绍两种有效的放松方法：深呼吸和冥想。

慢慢的深呼吸可以为大脑和身体提供更多的氧气，也可以放慢思考使大脑更清醒，还可以放松肌肉。让我们一起来学习深呼吸放松法。

首先，找一个安静不被打扰的地方，坐在舒服的椅子上（躺椅最好）或者躺在床上，如果白天没有时间可以在睡前进行。深呼吸有助于入睡并提高睡眠质量。让自己在舒服的状态下继续做：

（1）闭上眼睛，手掌朝上（这样可以让你注意力集中）。

（2）慢慢地深呼吸，鼻子吸气，嘴呼气。在你吸气的时候感觉腹部慢慢上升，呼气的时候腹部慢慢下降。刚开始可以把手放在腹部去体会，这样确保自己做得正确，等到熟练后就不用了。

（3）继续集中注意力慢慢深呼吸，什么都不想（有时候可能会分神，但要放空自己，集中精力去体会深呼吸）。

（4）当感觉很舒服的时候，可以适当增加一些想象。比如，慢慢呼气的时候，想象身体的紧张感随着呼气都释放出去了。

这是一个很简单的放松方法。紧张的时候，在1分钟内做一两个深呼吸，就会立刻感到很放松。当任务压得你喘不过气，来个深呼吸也是很有效的。另外，在接下来的章节中，如学习目标、记忆和测验，你会发现大考前的一分钟放松技巧是很有用的。在刚开始至少要尝试10次缓慢的深呼吸，直到熟练地掌握这个技能。

冥想 冥想就是平静下来，去除头脑中的杂念、思虑。冥想的技

惊人的事实

越来越多的医生推荐使用冥想的方式减轻或对抗一些慢性病导致的疼痛。最新研究显示，冥想可以锻炼并改造大脑，甚至可以防止因思维混乱而产生的压力。

巧很多，但其核心就是将注意力集中在"一件事"上，比如，专注于呼吸、一个物体、一句话或一个想法。

冥想是瑜伽技术的一种，已经流传了几个世纪。很多人认为瑜伽就是弯曲、拉伸运动，其实瑜伽的核心是呼吸和冥思。练习者通过瑜伽动作和放空思想达到身体的放松。许多学校或者社区中心都会提供类似的课程。关键是要将冥想坚持做下来。

我们已经掌握了压力图表的制作过程，并根据压力图表鉴别自己何时会进入负向压力范围。练习1—8将总结概括一些有助于返回正向压力范围的干预方法，可供你针对不同情况选择并灵活运用，比如"丛林漫步"是一种健康的干预方法，但在考场中面临重大考试压力时，这个方法就无法实施，此时一个简单放松的深呼吸会更有效。

- - - - - - - - - - - - - 制订合理计划 - - - - - - - - - - - - -

玛丽已经辍学好多年，现在还是一个单亲妈妈。为了改善生活，她决定重返校园学习，她已经给自己选择了一个为期3个月的秋季课程，但在学习过程中却常感到压力重重。她为自己制定了一套学习计划，但又感到吃力、焦虑，以至于无法完成这个学习计划。请用我们学过的知识，给玛丽一些建议，使她对学校生活充满希望，取得学业上的成功。

练习1—8	总结练习

请回答，有效的压力管理系统如何改变你的生活？

_____

_____

_____

描述一下你的正向压力范围。

_____

_____

_____

列出三个可以证明你进入负向压

力范围的早期征兆。

_____

_____

列举并描述几个你可以在任何情况都能使用的干预措施。

锻炼方式：_____

可以获取多种营养的方式：_____

改善睡眠习惯的方法：_____

兴趣：_____

最喜欢的音乐：＿＿＿＿＿＿

喜欢的喜剧类型：＿＿＿＿＿

社会和家庭支持系统：＿＿＿

适合你的放松技巧：＿＿＿＿

工作或者学习中使用的干预措施：＿＿＿＿＿＿＿＿

至少一个在家中使用的干预措施：＿＿＿＿＿＿＿＿

注意：最开始要把这个表放在身边以便在遇到压力时能够随时使用。当逐渐熟练后，压力警报响起时就没必要拿着这张表了，因为你已经可以自如地使用健康有效的干预方法来解决压力问题。

了解你的学校

部门名称	＿＿＿＿＿＿＿＿＿＿＿＿＿＿＿
办公地点	＿＿＿＿＿＿＿＿＿＿＿＿＿＿＿
电话号码	＿＿＿＿＿＿＿＿＿＿＿＿＿＿＿
邮件地址	＿＿＿＿＿＿＿＿＿＿＿＿＿＿＿

学校会提供很多支持与服务，找一找学校会提供哪些资源帮你进行压力管理。例如咨询服务、健康服务中心，生活指导。为了查找方便，将信息列出来，并放在显著位置（如贴在冰箱上）。

学习成功的思维方式

学习目标

通过本章的学习，你将掌握以下内容：

- 提升思维能力
- 确定内外控倾向
- 学会思维重建
- 价值观排序及使用
- 提升并保持积极心态
- 使用SMART原则进行目标管理
- 明确价值与目标之间的关系
- 为实现学业与个人的成功而设置目标

我的学生成功实验站

"我的学生成功实验站"是一个在线解决问题的网站，它可以帮助你不断提高个人能力和职业能力，使你越来越强大且自信。欢迎访问网站：www.mystudentsuccesslab.com。

为何要学积极心态与目标管理？

心态非常重要，因为心态和动机直接决定学业和事业的成功。积极的心态和较强的学习动机会为你事业的成功奠定一个良好的开端。成功人士共同的特点就是拥有积极的心态。此外保持积极心态还能促使人的免疫系统更加强大。

然而保持积极心态并不容易，尤其是当我们遇到困难的时候。在人生旅途中，各种外界信息和内心想法就像一粒粒种子，在我们脑中生根、发芽、成长。我们的心理活动（mind）就像一个肥沃的花园，如果管理得好就可以枝繁叶茂。本章我们将学习如何管理我们的心灵花园（mind garden），如何培养积极心态，以及如何设置个人生活目标和职业目标。

"当人们下定决心去做一件事，就会感到很快乐。"

——亚伯拉罕·林肯

导言

本章将帮助你改善心态、制定有意义的目标。本章中的练习旨在放慢你"心理活动"（mind talk）的速度，使你保持积极心态。下面做练习2—1。

练习2—1	描述你的心理活动

选择最能准确描述你此时心理活动状态的词语：

- 抓狂悲观
- 急躁易怒
- 怯懦散漫
- 积极乐观

或者用自己的语言描述：＿＿＿＿＿＿＿＿＿＿＿＿

陈述具体的内心想法来解释为什么选这个词语。例如：如果你选择了"抓狂悲观"，你可能会说："我永远都无法通过这个考试，因为每天的时间根本不够用。"

＿＿＿＿＿＿＿＿＿＿＿＿＿＿＿＿＿＿＿＿＿＿＿＿＿＿

＿＿＿＿＿＿＿＿＿＿＿＿＿＿＿＿＿＿＿＿＿＿＿＿＿＿

人们经常强调积极心态至关重要。你可能听说过"心态决定未来""心态决定命运"。这些话听起来好像很励志，但有时也会使你心生疑虑并想要证实。所以，接下来我们将共同探讨积极心态为何如此重要、为何蕴藏无穷力量。在此之前，先向大家介绍一下人类神秘的意识。

"知识是有限的，意识是无限的。"

——作者品尝的甜点上的一句话

意识与潜意识

人类的心理活动分为两种：意识与潜意识。意识其实就是日常生活中的各种想法，比如穿什么、怎么付账单等。大部分日常活动都涉及意识。在压力管理章节，我们学习了设法减慢意识思维，本章我们将更深入探讨这个问题。

潜藏于意识之下的心理活动就是潜意识，就像潜艇藏于水下无法看见的部分。潜意识与我们的生活密不可分，想象一下，如果每一次心跳都需要用意识去关注，那我们还怎么做其他事情呢？我们之所以没有意识到潜意识的存在，是因为它不仅在我们睡眠时工作，当我们醒来时潜意识同样发挥它的作用，但我们却好像感知不到它的存在。

潜意识的作用

潜意识对我们保持积极心态与创造力十分有用。下面向大家介绍一下潜意识并举例说明它的作用。

事实1：我们植于潜意识里的观点和想法会不断蔓延滋长。

证据：是否曾有一个问题，你思考并焦虑了一整天，然后夜有所梦，这是由于当意识休息的时候，潜意识代替它进行工作。请记住：潜意识是你心理活动的重要组成部分。当你觉得某事非常棘手但又必须处理时，潜意识就开始工作了。即使你清楚自己无法解决这个问题，但是潜意识却一直在发挥作用。睡觉的时候，潜意识想将这些问题释放出来，你就会做噩梦。这表明潜意识中的想法会一直存在，这就是为什么我们要保持积极乐观的心态。

事实2：潜意识心理活动对创造性思维、问题解决都有影响。

证据：你是否曾经花几个小时来思考一个问题？但你无法解决，于是你选择做些自己喜欢的事情并尽力不去想它。也许你会去散步，或听一些你喜欢的音乐，或泡一个热水澡，在这过程中突然

惊人的事实

在穴居时代，生存是最重要的问题，人类大多只有潜意识。大部分时间，他们考虑的是如何得到下一餐，而不要让自己成为别人的盘中餐。而且他们必须尽力适应环境，当危险来临时能够感知到。换句话说，他们拥有高度发达的直觉，专家们认为这属于潜意识范畴。

间灵光一现，问题就解决了。这并不神奇，其实是你的潜意识一直在寻求解决之道，只是你没有觉察而已。

这说明我们的想法与思考的问题一直存在于意识与潜意识心理活动中。若是消极的想法不断累积，很快就能压垮你；若是积极的想法不断积累，则更容易产生积极的结果。因此发生在我们身上的事情，在某种程度上是可以控制的。

确定内外控倾向

当你在生活中遇到问题时，你可能会很自然地将其归咎于某些人或某些事；也可能会认为"既来之，则安之"顺其自然，将问题转化成机遇。有些人认为因为命运、运气或其他外部因素，我们很难或根本无法控制生活中的某些事情；但也有些人认为命运掌握在自己手中；还有一些人认为主观因素和客观因素共同发挥作用。人们认为决定事件或行为结果的因素源自于内部还是外部，就是我们通常所说的"控制点"（内外控倾向），此处的"点"是拉丁语中方位的意思。我们看看下面论文成绩的例子。（见表2—1）

表2—1	论文成绩优劣的内外控倾向归因	
	内部控制倾向	外部控制倾向
论文分数高	论文分数高因为： ➤ 制定了严格的学习计划 ➤ 充分利用了学习资源 ➤ 刻苦努力	论文分数高因为： ➤ 没有外界干扰 ➤ 运气好 ➤ 老师非常喜欢我
论文分数低	论文分数低因为： ➤ 没有合理利用时间 ➤ 不够努力 ➤ 不够重视	论文分数低因为： ➤ 事情多、时间紧张 ➤ 复习资料不够 ➤ 老师不喜欢我

图2—1

　　内外控制倾向有两个极端，一个是超出我们的控制范围，只能将责任归于其他因素；另一个是可为自己的行为负全责。如图2—1，内外控倾向是可以存在于两者之间的，同时考虑环境、命运（外部因素）和决策、心态（内部因素）的影响。关键是要令两者之间保持平衡。但显然我们更多强调内部控制，而不是任其自然发展。要记住，自己才是命运的主人！即便有风助我们飞翔，也得自己操纵方向。你可以访问"我的学生成功实验站"去做个测试，确定自己当前的内外控制倾向。

　　提高内部控制倾向需要我们一起讨论以下四种培养积极主动心态的方法。

- 思维重建
- 摒弃不合理信念
- 沉思
- 尝试幽默疗法

方法一：思维重建

你的心态如何？

　　心态不仅影响你如何看待自己，还会影响别人如何看待你。你可以选择积极心态或消极心态去面对任何情境。就像你可以选择是正向压力还是负向压力控制你的生活。

天气预报播报天气是晴转阴，对你来说是好天气还是坏天气？心态积极的人会看到天气有一部分都是晴天，这真好；心态消极的人只会看到天气有一部分是阴天，真不是什么好天气！玻璃杯里有半杯水，你的心态决定你如何回答。心态积极的人会说玻璃杯一半都是水呢；而心态消极的人会说玻璃杯一半都是空的，他们还会将此怪罪于别人。试问，哪种人更容易相处呢？从图2—2中看出，人们的表情可以表明并传达他们的态度。

图2—2　　　　　　　　　你的态度如何？

让我们来看看人们第一次见面时的情景。有句话说的好"形成良好的第一印象只有一次机会"。在30秒内，第一印象已经形成，也就决定了对彼此的感觉、印象。通过练习2—2让我们来认识第一印象。良好的第一印象会让别人想去认识你。

练习2—2　　　　　　　　　第一印象

你给别人的第一印象是什么？从语言与行动两方面分别列举三个你给别人留下良好第一印象的例子。

积极的口头信息　　　　　　　　　积极的非语言信息或行为

_____　　_____

_____　　_____

上面哪张图能留给别人较好的第一印象？

思维重建

改变你的心态，也就是以积极乐观的态度看待事物。相信每一天都是美好的，尽管事情可能进展得不如我们预想的那么顺利，但这才是生活。积极的人会尽力而为并改变想法。假如你按照预约时间去看病，却在诊室外等了一个多小时，我们来看两种不同心态的人分别会有什么结果：

消极心态　　消极的人会变得烦躁不安、血压上升，与医生的沟通也不顺畅，这种情绪态度会影响医生问诊，甚至影响治疗。离开诊疗室后会引发一系列连锁反应：与别人交流时也会多少带着火气，导致沟通不畅；工作学习也不顺利，甚至引发头痛、失眠。由于睡眠不足，第二天的生活也会受到影响。

积极心态　　积极的人起初可能也会感到不安，但是他们很快就会冷静下来，转换思维方式，会由浮躁转为平和。他们意识到自己目前无法控制情绪，必须等等再看医生，这样就不会将后面的事情都搞砸。他们会先停下来，做几个深呼吸，然后做些事情调整心态。通常他们会把一些工作带到候诊室，让等待的时间有事可做。这个方法在"时间管理"章节会讲到。这样就把一件本来很麻烦的事情处理得很好，看完医生还有时间可以去看看电影。

下面介绍一个具体的思维方式重建的例子（见练习2—3）。你可以结合实际去试试。

练习2—3	思维重建

面对下列情形，让事情向积极的方向发展。例如：

约会时被放鸽子。

不要心烦意乱，不要情绪化，你可以转换一下思维方式：如果没有任何突发事件，他/她就是没有赴约，那么我们可以通过这件事知道他的为人，说明此人不可交往。与其在这烦恼、浪费时间，还不如找几个朋友聚聚，或者利用这个时间工作、学习，这样明天就有时间和朋友出去玩儿了，工作、学习成绩还不受影响。

面对如下情况，你会怎么做：

你的考试成绩没有预想的那么好。

_____

_____

找工作失败。

_____

_____

有急事要办，但却在陌生的城市迷路了。

_____

_____

方法二： 摒弃消极的或非理性的观念

我们已强调了在头脑中构建积极思维方式的重要性。接下来，我们还要为大脑提供养料去除那些消极的、非理性的观念。你是否听说过"自我实现"的预言？即如果坚信某些事情，并将它深植于头脑中，那么想法最终会变为现实。比如，你告诉自己不是一个有条理的人，那么你做事就永远不会有条理，因为你在大脑中种下了那颗"种子"。你还会花很多时间为自己没有条理而找理由、找原因，但实际上，你是可以成为一个有条理的人的。

积极的自我对话

你可以通过积极的自我对话发掘自身优势。自我对话并不是说你很疯狂地自说自话，而是通过把思考的内容放慢语速表达出来，让注意力更集中。积极乐观的自我对话有助于提升自尊。例如，"因为我不聪明，所以这门功课可能不及格"，把这样的消极自我对话变成："如果我刻苦学习，制定一个行之有效的计划，我一定能考好。"

除了积极的自我对话外，还有一些方法可以帮助我们去除头脑中的"杂草"——那些消极的想法。那就是让过去的消极想法与不开心的事情随风而去，不要怀有怨恨与不满。这些负面想法只会削减你的斗志、磨损你的动力。

自我测试

你看到的玻璃杯是半杯空的？还是半杯满的？

下面是积极心态与消极心态的特征对比，在你符合的选项上打"√"

心态对比

积极心态的特征	消极心态的特征
＿＿＿经常积极地思考	＿＿＿经常消极地思考
＿＿＿愿意去学习	＿＿＿不愿意学习
＿＿＿接受改变	＿＿＿不能接受改变
＿＿＿积极乐观	＿＿＿悲观沮丧
＿＿＿冷静有控制力	＿＿＿失控
＿＿＿易于接受他人和不同观点	＿＿＿封闭自我
＿＿＿没有偏见	＿＿＿有偏见
＿＿＿有责任感	＿＿＿责备他人
＿＿＿有幽默感	＿＿＿缺乏幽默感

针对你所选的消极选项，制定一个改进方案让自己变得积极一些。

特征表现：_____

行动方案：_____

特征表现：_____

行动方案：_____

特征表现：_____

行动方案：_____

你可以找个信任的人帮你看看这个方案，也可借此知道别人对你的看法。

调整心态

我们在生活中总爱追求平衡，包括心态和情绪。许多人把发脾气看作一种消极的情绪，其实和压力一样，稍微发一下脾气是有好处的，能激发我们做的更好。但是经常发脾气会导致破坏性的行为甚至疾病。

当遇到不幸或打击时，我们都会感到悲伤。但要注意的是，我们要将抑郁与悲伤区分开。比如一个人失恋了，他悲伤是很正常的，但是如果这种悲伤持续太长时间，甚至影响到正常的工作与学习，就转化为抑郁了。这时把握两者之间的平衡，才是解决问题的关键！

表2—2描述了生活中经常采用的一些积极有益的方法和破坏性的方法，看看你经常使用哪些，并完成练习2—4。

表2—2	积极有益的方法与破坏性的方法
积极有益的方法	破坏性的方法
克服困难	惧怕困难
冷静地沟通	暴力或者争吵
承担责任	埋怨指责他人
运用放松的技巧	喝酒或者滥用药物

从错误中吸取教训	完美主义者
合理饮食	暴饮暴食
活在当下	沉浸在过去与未来中无法自拔
乐于助人	不顾他人

练习2—4　　　　改变那些破坏性的观念

自我评估并检测自身是否存在以下消极或不合理的信念：

＿＿所有的事情都要做到最好。（不合理）

＿＿单位就应该给我一份令人满意的工作。（不合理）

＿＿我一直都感到时间不够用。（消极）

＿＿我有义务让每个人都感到快乐。（不合理）

＿＿我任何时候都要很开心。（不合理）

＿＿做出改变是不好的。（消极、不合理）

＿＿我不能太平庸。（消极、不合理）

根据以上检测结果，制订一个行动计划，改变不合理的信念，使其积极合理。并用一两句话简要说明你怎么做来改变心态。

"我老了，曾经担心很多问题会发生，但是大部分都没有发生。"

——马克·吐温

_____

_____

把"担心"变成"用心"

马克·吐温的话清楚地告诉我们，我们担心的很多事情可能并不会发生。我们庸人自扰、担心过多，浪费精力，其实没有必要。那么是不是说"我就不用担心这学期的成绩了"，在某种程度上是这样的，你不应该"担心"，而是要"关注"，要"用心"。

当你过度担心学习的时候，你的关注点可能就不在学习本身了，而是关注"我从来没有搞懂过""我肯定会挂科""如果失败了怎么办"等问题。

当你用心的时候，就会付出努力争取好结果。例如学生应该关心如何在一门比较难的功课上取得好成绩。这也验证了下面的方法"我知道这门课很难，但只要我做到以下几点，我就能通过考试"：

- 每天学习45分钟；
- 完成每天的作业；
- 每周至少找老师答疑 次。

请注意"担心"和"用心"的区别。"担心"是无效的消极能量，不会带来任何行动；"用心"会带来一系列行动，通常会产生好的结果。

在练习2—5中尝试下这个策略。谚语有云：担心就像坐摇椅，虽然也做事情了，但是却没什么结果。

练习2—5　　　　将"担心"变为"用心"

1. 写下你担心的事情。

_____

2. 面对你担心的事情，你能做些什么？制订一个计划解决你担心的问题。

_____

3. 写下何时开始实施行动计划。

_____

方法三：冥想——与自己的潜意识交流

爱因斯坦曾经发问，"为什么早晨刮胡子的时候，我会获得灵感"，后来他意识到自己在刮胡子时并没有去想刮胡子这件事，刮胡子已经成为了习惯性行为，这个习惯性动作使他能够放慢思维的脚步，使潜意识上升到意识层面，思维变得活跃。洗澡的时候你是否会产生灵感？在这个熟悉又放松的习惯性活动中，思维更活跃，思路更开阔，这是很自然的。当然你也可以主动放慢思路将思维引向冥想，这在压力管理章节已经讲过。简言之，冥想就是集中注意力在一件事上。请做练习2—6，开始冥想。

练习2—6　　　　　冥想——积极的想法

（1）要注意确保周围安静，避免杂事的干扰。

（2）找一张舒适的椅子坐下，或者躺下来手掌朝上。

（3）用鼻子和嘴慢慢呼吸。吸气的时候，你的腹部要升起，呼气要缓慢，气息平稳。这一步可以多花点时间，直到自己感觉舒服为止。

（4）当你感觉自己很放松，呼吸缓慢、均匀而平稳时，从头到脚开始慢慢放松肌肉。

（5）呼气的时候，肌肉完全放松了，将注意力放在要想的事情上。

这个活动在"压力管理"章节已经讲过，现在你要做的就是放松后把积极的想法植入大脑。呼气的时候，注意力集中于简单、积极的想法上，比如"我要好好照顾自己"等。经过多次实践，这种想法会深植于脑子里。

这个活动通常要花5—10分钟，如果你觉得白天没时间，可以睡前进行。坚持做一周，就会看到明显的效果。

_____

_____

_____

方法四：幽默疗法

在第一章"压力管理"中我们已经讲过幽默疗法，这一章我们将继续探讨这个话题。很多科学家发现幽默对身心健康都很有益处。一些研究甚至建议通过大笑来提升人体的免疫系统帮助抵抗疾病。但这并不是说幽默疗法和积极情绪能代替药物治疗，它们只是起到配合的作用。

幽默的积极作用

幽默对我们的身心健康有很多益处。欢快的笑声可以提高心率、促进血液循环，提高血液中的肾上腺素水平。肾上腺素是人体的兴奋性激素和人体自然的止痛剂，可以刺激安多芬和血清素的释放，血清素可以改善我们的情绪。笑还有助于整个呼吸系统、内脏器官和隔膜的正常运转。

幽默能够缓解压力、释放焦虑，有助于克服抑郁。如果使用得当，幽默还能提升个人的自我形象和创造力。一些戒烟治疗中会使用幽默疗法，用幽默替代人对尼古丁的依赖和成瘾。尽可能使用幽默并感激他人的幽默带给你的快乐，因为在幽默中感受到的东西是不容易忘记的。

如何提高你的幽默水平？下面给你一些建议：

适当地开玩笑，可以开玩笑但要注意适度，避免冒犯别人。

积累幽默素材，收集一些有意思的东西，在电脑或者抽屉里存放一些笑话或者有趣的图片。把自己工作的地方用卡通或者有趣的图片装饰起来。

笑或者经常大声笑，这个可能是最简单有效的方法。4岁的孩子平均一个小时就会笑很多次。你一天会笑多少次？别忘了一天要至少笑一次！

幽默就在我们身边

任何时候都尽可能地保持幽默感，幽默随处可见。其实我们每天路过的地方可能就有一些搞笑照片和标志，你会停下来去看看、去欣赏吗？

最后，不时地自嘲一下，人们肯定愿意与身边幽默的人打交道。无论工作还是学习中都要找到乐趣，在对学业和工作高度负责的同时保持幽默感。

------成功案例------

研讨会上，一位参会者说他在消费者投诉机构工作，与消费者的交流100%都是很消极的内容，经常一个电话就能毁掉他一整天。他甚至把坏情绪带回家，对家人发脾气。我们建议他在下次接电话时要面带微笑，然后再讲话。这可以避免说些让自己生气的话，并且面带微笑时自己也不容易激动生气。后来参会者反馈说这个简单的技巧产生了不可思议的作用，帮助他更好地应对投诉电话，以更积极的心态去工作，甚至到家的时候也心情愉悦。

做练习2—7，养成健康的习惯、积极的思考，制订一系列的目标，并谈谈你会怎么做。

练习2—7	"你的一天"

找个没有什么重要事情做的一天，利用这一天过一个有规律的健康日，不用做过多的计划，只要做三顿营养餐，准备一些小点心，手边有足够的饮用水，不要打乱你的日常规律，有半小时或更多时间做做运动：跑步、骑车，任何你喜欢的运动都可以。亲切拥抱你身边的人，表达你对他的情感。如果你有宠物，和它一起享受快乐时光。关掉电视、电脑，看看小说或听听音乐。让自己睡够8小时，并在睡前尝试以积极的思维方式去冥想。

第二天早上从生理和心理两个方面描述下你的感受：

_____

_____

目标设置

你看重什么？

在我们设置目标以及实现目标之前，我们需要认真思考下：

在生活中我们看重什么？你看重的东西对你真的重要吗？你最终的目标是挣钱吗？如果是，你更愿意用它去养活家人还是去买个法拉利？也许两者都需要。你所选择的工作不仅要给你提供经济保障，也要带给你快乐和成就感。

价值标准和如何优先选择是同等重要的，共同决定你能否成功。但是对每个人来说可能意义不同，思考下它们对你意味着什么？价值观很重要，健康、教育、运动、创造性、快乐、安全感、家庭和社会地位等对我们都很重要，但如何按照重要性将它们排序却是仁者见仁、智者见智。"优先选择"意味着去选择那些对你来说最重要的东西。如果健康是你最优先选择的，教育次之，那么就先去健身房锻炼身体，然后头脑清醒地去学习，这样才能效率更高。

价值观和重要性选择是会发生变化的，你最好列一个单子并经常对照进行自我检验。只有以价值观为标准制订的目标和计划，才可能成功完成。但是首先必须确定自己的价值观。练习2—8将帮助你进一步学习如何进行优先选择和重要性排序。

练习2—8	你的价值观

列出六个你最看重的事情。可以使用头脑风暴法在纸上写出所有看重的事情，再选择六个你认为最重要的。写完后，重新读一遍你所写的，并根据重要性进行排序，"1"表示最重要的事情。

————　————————————————————

————　————————————————————

————　————————————————————

————　————————————————————

————　————————————————————

————　————————————————————

现在你已经知道你看重哪些事情，确定了你的核心价值观，想想如何设置目标来获得成功：————————————————————

为什么设置目标？

如果你学会了设置目标的方法，就可以勾画出生活和事业的成功蓝图。拥有一个清晰明确的发展蓝图有助于你实现自己的目标。本章节将教你如何设置目标，以助你取得学业、事业的成功。研究表明：能够有效设置目标的人应该是：

- 注意力更集中
- 更加自信
- 动机更强
- 更加关注任务本身

"压力管理""积极心态""目标设置"之间都是相互联系的。将梦想变成现实，有目标才会有计划，有计划才会付诸行动。

目标是什么？

目标是我们在生活中最想达成、实现的东西，能够激发并引导我们走向成功。也许你已经选择了自己的目标，并通过目标设置加以实现。但如果你还没有确定好目标，接下来的练习中你可以通过目标设置来确定你的发展方向。

设置目标有助于你确定自己的发展方向，并最终实现它。在这里我们学习使用SMART原则来设置目标：

S：**具体的**（specific）

M：**可测量的**（measurable）

A：**可以达到的**（achievable）

R：**实实在在可观察到的**（realistic）

T：**有明确的截止期限**（time frame）

具体的 目标必须设置到具体的点上，就像飞盘上的靶心。如果将目标设置为"第一学期表现好些"，这就太宽泛了。多好才算好呢？如果把目标改为"我要取得B级分数或者我要比第一学期有进步"，这才是一个具体的目标。当期末成绩出来时，你就会知道自己是否实现了这个目标。只有目标明确、具体，才能去判断、衡量

其是否实现。

可测量的　目标除了具体，还要实际、真实，而不是仅仅停留在脑海中。测量就是对事物进行衡量，回答"怎么样""如何"这样的问题。那么如何将目标变为现实的，并采取具体的步骤实现目标呢？找到目标实现的步骤和测量这些步骤的方法，可以确保你成功。

可以达到的　目标必须是在自己能力范围内的、可以达到的。这并不是说要设置过于简单的目标，事实上，你设置的每一个目标都应该具有一定的挑战性。如果目标仅仅维持现有水平将限制你的发展。例如，运动中与水平较低的竞争者比赛很容易取胜，但只有和高水平的人比赛才能让自己不断提高。这也就是为什么很多教练都会说："你的对手有多强，你就有多强。"此外，通过设定目标让自己成为自己的对手也是一个很大的挑战，在完成挑战到达目标过程中所有的付出都将是享受。

实实在在可观察到的　如果设置的目标不现实或者超出自己的能力范围，将会让自己失望。确保自己的目标能够得到外界的支持与认可并得以完成。请记住，每次完成目标后就可以把下一个目标设定得更高一点，这样就可以实现更多、更高的目标。考虑清楚设置对自己来说现实的目标，如果目标设置得太高而没有完成也没关系，重新调整目标就可以了。

有明确的截止期限　完成任务需要设定一个期限。相同目标因完成期限不同，目标也会变得不一样。因此需要考虑清楚多长时间内完成目标是现实的。按照完成期限，目标可以分为以下几类：

- 短期目标：明天，下周，下个月
- 中期目标：1—6个月左右
- 长期目标：1年以上

有了完成目标的期限，还需要在完成目标过程中设置时间节点来检查目标完成进度。例如，设定了6个月内跑完半程马拉松的中期目标，那么至少每个月都要检查一下目标完成进展情况。将大的时间框架分解成几个小的阶段性期限，可以有效地克服拖延症，推动你不断向前，完成目标。

设置目标时要考虑的问题有以下几方面。

第一，设置目标一般都会用积极肯定的语言去描述目标。比如"我要取得平均B级成绩或要比上学期成绩好"，而不会说"这学期不要取得D或F级分数"。描述目标要说"能够做到什么、达到什么"，而不要说"不做什么、避免什么"。设置目标要坚定一些，可以说"我的成绩肯定可以达到中等以上水平"而不是"我试一试达到中等以上水平。"

第二，设置的目标一定是自己选择的。别人给你设置的目标，和你根据自己的价值观设置的目标，哪个能更好地完成？生活中有些人出于好意愿意帮你设定目标，你可以考虑他们的建议，但最终还是要自己选择。因为你要对自己的目标负责，这也是你的权利。你设定的目标应该是自己真正想要实现的。

第三，我们应该把过去的成功当作继续前行的动力。当你提出一个新目标时，花一点时间去回顾已经达成的目标是很有帮助的。因为记住或想象成功的感觉会激励自己。

第四，设置一个保持生活和事业平衡的目标十分有必要。如果目标都是关于学业或事业的，而没有个人生活目标，很快就会因为没有好好照顾自己而筋疲力尽；学业或事业目标也会很难实现。所以要设置一个让工作、生活相平衡的目标，并让两者互为补充。下面做练习2—9。

练习2—9　　　　做一做，完成你的短期目标

设置一个短期目标，比如在一周内可以完成的一件事情。这个目标不一定要冒什么风险，但要让你的朋友认为并不符合你的特质，或者认为你很可能无法完成。比如：在KTV的舞台上表演、在动物医院当志愿者、给作家写信等。将目标告诉一个你信任的人，请他给你设置一个完成目标的期限，并向他证明你能够完成这个任务。如果没有完成，那就要为对方做些事情，比如请他吃顿大餐好好款待他。实现目标后再回顾一下这个练习。

你的短期目标：_____

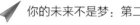

你做得怎么样？ _____

自我测试　哪个目标更好？

1.1 这学期我会做得更好，并参加更多的班级讨论活动。

1.2 我要检验自己的学习方法和课堂参与情况，我要制订三个学习计划，改进学习方法，为下学期做好准备。

2.1 我要每周至少锻炼身体3次，每次30分钟。

2.2 为了在沙滩上看着更帅，我要锻炼出好体形。

3.1 在期末的时候我要顺利通过心肺复苏的考试。

3.2 为了丰富自己的简历，如果难度不是太大的话，我会选择CPR课程。

4.1 我要在本地的非营利性单位每周至少做5个小时的志愿者，这不仅可以提升工作能力，还能为以后的工作提供更多经验。

4.2 我要试着找一些志愿者活动，提升能力水平，我希望在活动中能遇到以后能为我提供工作机会的人。

成功的目标

我们有时候会设置很多目标，积压在一起，最后哪个都没实现，哪个都没有完成。因此，下面我们着重讲一下容易失败的中长期目标。这能让我们更清楚在接下来的6—12个月要设置什么目标、制订什么计划。一旦目标达成，就能看到设置目标的作用，从而进一步激励自己设置好下一个目标。

第一个原则就是：写下你的计划，并把它放到你触目所及的地方。请做练习2—10!

练习2—10	设置目标

各挑一个在接下来的6个月到1年内自己想要完成的生活目标与学习/职业目标，写在下面。设置的目标要符合SMART原则要求，可参照图2—3。如果你还没有选择职业路径，那就设置一个目标可以帮助你探索学业或职业发展的方向。

学习目标：＿＿＿＿＿＿＿＿＿＿＿＿＿＿＿＿＿＿＿＿＿＿＿

＿＿＿＿＿＿＿＿＿＿＿＿＿＿＿＿＿＿＿＿＿＿＿＿＿＿＿＿＿

生活目标：＿＿＿＿＿＿＿＿＿＿＿＿＿＿＿＿＿＿＿＿＿＿＿

＿＿＿＿＿＿＿＿＿＿＿＿＿＿＿＿＿＿＿＿＿＿＿＿＿＿＿＿＿

图2—3列出了学习目标、生活目标的例子。

图2—3	学习目标和生活目标举例

学习目标：我的成绩要保持在B级以上，第一学期我要给院系留下好印象。

生活目标：我要开始体育锻炼并坚持下来，第一学期每周至少锻炼三次。

阶段性目标

通过练习2—10，明确了接下来的6—12个月的目标。下一步就要思考为了实现目标需要制订一个怎样的计划。阶段性目标是为实现最终目标而划分的小目标，是实现最终目标而采取的关键性步骤。设定阶段性目标和计划是十分有必要的。

例如，你的目标是毕业后开始自己创业。这是一个不错的目标，但需要制定具体的实施计划表。一些阶段性目标可能包括寻找项目需求、与合作方洽谈等。

完成练习2—11，继续学习如何设置目标。

练习2—11　　　　　　　　　　重新设置学业目标

现在要写下你的长期目标，这个目标肯定不是马上就能完成的，需要分解为几个步骤，并形成中期目标和短期目标。写出为达到长期目标而要完成的至少三个阶段性目标。

重新填写你在练习2—10中所写的学业目标：

_____

_____

_____

说明你为什么选择这个目标：

_____

_____

_____

现在制订一个具体的行动计划：

行动计划（阶段性目标）

1._____

2._____

3._____

4._____

5._____

列举一些帮助你实现阶段性目标的资源：

_____

_____

图2—4　　　　　　　　　　实现目标的全过程

学业目标：一年级我要保持B级以上成绩，并给院系留下好印象。

我选择这个目标的原因：保持B级以上成绩，这是保证以后事业取得成功的一个基本要求。给院系留下良好的印象，有助于我找到一个好工作。我所做的这些都是为了将来能有个好工作，经济有保障，并能有机会回报社会。

　　行动计划（阶段性目标）：我们在成功大讲堂学过压力管理、养成良好学习习惯和时间管理的方法，要会利用学习资源，课堂上要注意听讲，思考老师为什么这么讲，为什么提这样的问题。在第一学期结束后，要重新评估自己的学习进度。要在学校或者社区里以志愿者的身份参与一个项目活动。

　　可以帮助我的资源：

- 我的老师
- 学习培训中心
- 学习辅导资料
- 积极进取的同学
- 家人和社会资源

　　图2—4中的行动计划和资源都有提到"社区"，我们都是社区的一分子，这包括你居住地和学校所在社区。融入社会团体有助于获得有用的技能和宝贵的经历。个人与团体是相互受益、相互促进的。参加社区活动的方式有很多，比如去空巢老人家做志愿服务、辅导小孩子功课、教文化程度低的人识字读书等。

　　在练习2—12中请用目标设置的方法来完成练习2—10中所设置的个人目标。请记住：生活目标在你的人生发展中也是很重要的。例如，学一种乐器，学画画，学一门语言或改善人际关系等。

练习2—12　　　　　　重新设置你的个人目标

　　将你在练习2—10中所写的个人短期目标再写一下：

_____

_____

　　说明什么选择这个目标：

_____

制订具体的行动计划：

行动计划（阶段性目标）

1.＿＿＿＿＿＿＿＿＿＿＿＿＿＿＿＿＿＿＿＿＿＿＿

2.＿＿＿＿＿＿＿＿＿＿＿＿＿＿＿＿＿＿＿＿＿＿＿

3.＿＿＿＿＿＿＿＿＿＿＿＿＿＿＿＿＿＿＿＿＿＿＿

4.＿＿＿＿＿＿＿＿＿＿＿＿＿＿＿＿＿＿＿＿＿＿＿

5.＿＿＿＿＿＿＿＿＿＿＿＿＿＿＿＿＿＿＿＿＿＿＿

列举一些对你的行动计划有帮助的资源：

＿＿＿＿＿＿＿＿＿＿＿＿＿＿＿＿＿＿＿＿＿＿＿＿＿

＿＿＿＿＿＿＿＿＿＿＿＿＿＿＿＿＿＿＿＿＿＿＿＿＿

有用的技巧

- 遇到问题时可以调整目标以适应各种变化的情况，生活中不断调整、改变是很正常的。

- 如果计划进展有些停滞也不要着急。人们经常是一开始很兴奋地做一阵子，然后就会速度减慢，这是很自然的。每个人都会遇到并度过这个阶段的。

- 一次不要设置太多目标，那样会压得你喘不过气来。设定一个生活目标和一个学习/工作目标就足够了。

- 清晰地描述、呈现目标，有助于目标的实现。体验成功的感觉是促进你坚持的动力。

- 从自己或他人的过去经历中学习。请记住，失败并不是坏事，从失败中吸取经验也是好事。乔丹是历史上最好的篮球运动员，在高中组建篮球队时就曾失败过，但是他能从失败中吸取教训。列举那些曾阻碍你成功的事情，向那些已经实现目标的人学习，不要重蹈历史的覆辙。如果可以的话，向那些已经获得成功的人请教他们的成功经验，吸取他们的教训，这些都是很有价值的。

- 想象一下目标完成后来一场旅行，记录下你的目标实现过程，这可以让你更专注于目标的达成。
- 在完成目标的过程中要保持积极乐观。更重要的是，完成了一个阶段性目标时，要奖励下自己。即便是小小的奖励也可以激励自己继续努力向下一个目标奋进，不断接近最终目标。这个奖励可以是和朋友一起聚会、运动、出去吃饭、看电影、待在家里看喜欢的电视节目，等等。

通过学习和练习，我们会发现所学的知识之间是相互联系的。做练习2—13将压力管理和目标设置联系起来。

练习2—13	等级评定

从你的角度，用"非常有压力""有点儿压力""没有压力"评价以下目标设置步骤。

3=非常有压力　　2=有点儿压力　　3=没有压力

＿＿＿选定一个目标

＿＿＿写下你的目标

＿＿＿设定完成期限

＿＿＿设计实现目标的必要步骤

＿＿＿采取行动，从第一步到目标实现

＿＿＿按照计划完成任务，实现目标

有压力是可以的，有几项评定为"有点儿压力"也是可以接受的，多加练习你就会熟练掌握。也许你想对"压力非常大"的几项进一步探讨，可以思考如何提升目标设置水平，包括搜索资源甚至修改目标。

美国奥组委开发了一个培训项目，让运动员将自己想象成冠军，包括四部分：

- 想象自己在参赛项目中获胜；
- 设置短期和长期目标以实现最终目标；
- 练习身心放松技术；
- 集中注意力。

根据现有学到的知识，你能将此方法应用于你的学习、生活和未来职业中吗？

了解你的学校

资源名称 _____

所在地点 _____

联系电话 _____

邮件地址 _____

学校通常都会提供很多的帮助与指导。寻找学校提供了哪些资源帮助你保持积极心态和设置目标，比如提供个人和职业咨询服务。列出这些资源，为了方便参考，可以把它放在醒目的地方，比如贴在冰箱门上，以便随时查看。

- - - - - - - 制订合理计划 - - - - - - -

胡安知道学校教育已经为他未来的职业选择做好了准备，并且对毕业后自己创业充满了热情和期待。但是他关心的问题是自己没学过商科课程，也没有相关专业背景，他还有一年就要毕业了。胡安应该怎么做才能帮助自己实现梦想？

_____

_____

_____

根据本章所讲内容思考如何帮助胡安取得成功。

_____

_____

_____

时间和金钱

学习目标：

通过本章节的学习，你将掌握以下内容：

- 知道如何有效组织资源，提高效率，学会时间管理
- 根据任务重要性进行排序以利于时间管理
- 评估并提高时间管理水平
- 对重要任务策略性地制订计划（比如写研究论文时可以这么做）
- 认识生活平衡的重要性并保持生活平衡
- 掌握一些理财知识如预算、税收和信用问题
- 建立消费、借款和储蓄的意识
- 制订个人预算
- 想办法改进财务状况，接受理财教育，保持良好诚信记录

我的学生成功实验站

我的学生成功实验站是一个在线解决问题的网站，它可以帮助你不断提高个人能力和职业能力，使你越来越强大且自信。欢迎访问网站：www.mystudentsuccesslab.com。

为什么要学习资源管理？

只有意识到时间不可再生时，你才认识到时间的价值。一旦时间过去了，它就真的永远过去了，时间是我们最宝贵的资源。像任何一种资源一样，必须合理利用。高效的时间管理技巧可以让你的生活更加丰富、充实。

运用高效的时间管理技巧可以让你完成日常工作的同时，有更多的空余时间来安排个人生活，这是非常重要的。时间管理还有助于压力管理、保持积极心态。

本章还强调了经济资源管理的重要性。金钱可以做很多事情，比如交学费、维持家庭生计等，但很多人太看重物质财富了。其实，个人价值不能建立在能挣多少钱或者拥有多少财富上。

你可能听说过一句拉丁语叫作"抓住今天"，但是对于一个会管理时间和金钱、能将生活各方面都处理好的人来说，应该是"抓住此刻"。下面开始学习。

导言

　　前文已经说过时间就是生命。所以，浪费时间就是浪费生命。不过，注意不要矫枉过正，散步放松在一些人看来是浪费时间，但实际不一定是这样。散步的同时可以整理一下思路，让自己精力充足，或者就是仅仅欣赏一下大自然的美景。这样的时间一定要"浪费"。在本章你将学到如何保持生活的平衡，保持生活平衡是最重要的。如果你天天散步不做任何其他事情，那你就是真的浪费时间了。

　　其实阅读本书的时候你已经开始管理时间了。学习怎么处理每天的压力、拥有一个更专注、更积极的心态将使你的工作更有效率。前面所学的知识对于学习和运用时间管理技术很有帮助。设定的目标告诉你将精力集中到哪里是最好的，而这些阶段性目标和行动计划让你一步步地实现目标。现在，让我们看一些时间管理的技巧，通过练习3—1，先做一个自我评估：

练习3—1　　　　自我评估：你的时间管理做得如何？

用1—3数字来反映你的状态

3=经常　　　　　　2=有时候　　　　　　1=很少

＿＿＿我经常感觉"时间真的不够用"。

＿＿＿事情不到最后一刻不做。

＿＿＿限定的期限让我感到压力很大。

＿＿＿我约会经常迟到。

＿＿＿我会晚交作业。

＿＿＿我会被重要任务压得喘不过气来，并且不知道应该从哪儿做起。

＿＿＿我总是一件事没做完又去做另一件事，好像从没有完整地做过一件事。

＿＿＿我感觉自己从没有很好地完成过任务。

_____对于考试我感到压力巨大。

_____我会为了考试复习或写一篇马上要交的论文而通宵熬夜。

_____总分

评价：
21—25分：你需要努力改进自己的时间管理方法，而且你会从本章的学习中受益匪浅
16—20分：本章对你会有所帮助
10—15分：你是一个非常好的时间管理者，通过本章的学习，你可以继续提升自己的时间管理水平

如果你得分在26—30分，按照本章所学的知识去实践，你一定可以改变现状，让我们一起努力改变你的生活！

有没有感觉到你很难抓住时间？

运用时间理技巧

为了成为高效的时间管理者，必须先确定在生活中你到底浪费了多少时间，然后再用时间管理方法去解决。此外，你还会学到，在重大项目、任务面前，如何使用时间管理这一有效工具。

鉴别那些浪时间的事情

提示

时间是一种特殊的商品。不管你的教育背景、性别和社会地位如何，它对每一个人来说都是平等的。你所能做的最好的投资就是利用好时间。

是否听过有些人说，"时间真的不够用"？实际上每人每天都只有24小时。如果你知道有某个地方一天不止24个小时，那可能每一个人都想去。严肃地说，我们每个人拥有的时间都是一样的，但不同的是我们如何去利用时间。首先要识别出我们的时间浪费在哪儿了？下面列出了一些浪费时间的原因，一起来看看如何解决。

事情缺乏组织性 你浪费在找钥匙、书本和工具上的时间有多少？准备学习时，是不是至少坐下来5分钟后才能开始学习？是不是忘记了一些重要的日子，比如生日和纪念日？练习3—2将帮助你测评自己的组织能力。缺乏计划性、组织性、条理性，会让你在这儿浪费10分钟，那儿浪费15分钟，那么一天加起来可能就是一小时。你不仅浪费了宝贵的时间，还让自己压力感倍增，积极心态锐减。

练习3—2	你的组织性如何？

用"是"或者"否"来回答下面的问题：

_____你是否经常找不到钥匙、眼镜或者日常生活中所需要的个人物品？

_____你是否忘记了某些人的生日、一些纪念日，或者其他重要的应该记住的日子？

_____你是否因为忘记做某件事而让情况变得很紧迫？

_____你是否花10多分钟的时间找作业和学习用品？

_____你是否以为"丢失"了的某件东西几个月后又找到了？

_____你是否有成堆的待回复的信件、待付的账单、未读的杂志和书籍？

_____你是否经常在约会、聚会和其他活动中迟到？

_____你的房间里是否堆满了东西？

＿＿＿你是否感到没有足够的空间来储存、收纳物品?

＿＿＿你是否想要去做一些事情，但是当你意识到太繁杂，不知道从何做起，就会放弃?

＿＿＿你是否经常感到每天都无法完成应该做完的事情?

＿＿＿你是不是需要先清理出一片区域才有地方休息或学习工作?

选择一个"是"得1分

我的总分是＿＿

10—12分：你需要立即采取行动让自己变得有条理些。
6—9分：组织的无序性严重影响到了你的生活。
3—5分：组织的无序性给你的生活带来了巨大的压力并且使你做事效率低下。
1—2分：你的状态很好，只需要稍加改进。

现在你已经知道了缺乏组织性、条理性会如何影响生活，那么该怎么做呢? 解决这个问题最好的办法就是制订行动计划。规定自己一个时间内只处理一个问题，解决的差不多了再处理下一个。如果试图同时解决多个问题，你会感到筋疲力尽，哪个问题都解决不好。有计划地完成目标，会激励你再去完成下一个，以此类推。

练习3—3　　　　　对付组织无序性

从练习3—2中找出一项你最想解决的问题，写下来并想一想。制定出一个行动计划以使你的答案由"是"变成"否"。重新看一下目标设置和行动计划章节所讲的有关内容。不要担心，向信任的家人和朋友寻求帮助，图3—1中给出了两个例子:

_____

_____

_____

_____

当这个问题不再出现时，再选择另一个问题以同样的方式去处理。

图3—1	行动计划举例
是：你是否经常找不到钥匙、眼镜或者日常生活中所需的其他个人物品？	
行动计划：从现在开始，只要我一进房门就将钥匙放进门口的小柜子上。此外，如果第二天要把一些东西带到学校，我会在钥匙下面放一张便签。这样在第二天早上拿钥匙的时候，那张便签会提醒我别忘记带东西。	
是：你是否忘记了某些人的生日、一些纪念日，或者其他重要的想记住的日子？	
行动计划：我要买一本大点的日历，将生活中重要的日子都记在上面。我要把它放在书桌上，以便在重要的日子或事件到来之前能提醒我。	

缺乏计划性　你是否害怕承担一些重要任务，比如说写研究论文，或是做课堂报告？这些任务通常比较复杂，不是简单一步两步就能完成的。缺乏计划性的人会被这些任务弄得精疲力竭，在担心中花费大量时间却始终没有行动。缺乏计划性的人经常不知道从何做起。其实，一个简单的工具就会让你变成一个高效的、有计划性的人，比如说在你学习的地方放一个大的台历。

把台历放在学习的地方。因为这是你经常待的地方，可以将所有要做的重要事情以及截止时间写在上面，并且只要看一下就知道接下来该做什么。此外，写下来还可以加强记忆。

即使一件事情会持续好几个月的时间，做好计划也有利于你把握全局。随身携带一个小笔记本，可以随时记录突发事情，然后再记录到台历上。

有一种台历一页只有一个月，你可以在上面记事情并随时修改，但你无法提前做多于一个月的计划。你必须每月都写并计算好天数。如果使用这种方法，前两周过去后要将它们画掉，并尽快把下月前两周的计划做好，最好用不同颜色来标注。这样下个月开始时，你就可以知道前两周的安排，只需再计划后两周的事情。如此至少能明确3—4周的计划是什么。为了记录时间较长的计划安排，我们建议使用手机日历或者另外准备一个可擦写的包括12个月份的纸质台历。

现在，你已经将生活中的重要事项和截止时间写下来了，但怎么完成呢？比如，你要在学期末前完成一篇论文，缺乏计划性的人会到截止日期的前几天（甚至就在截止日期的前一个晚上）才开始东拼西凑出一个东西应付了事。这种学生的问题就是拖延症，但更主要的问题还是缺乏计划性。

比如月初的时候要求你完成一篇3—5页的小论文，月底交。如果你采用下面的方法步骤，完成这篇论文是很容易的，而且质量和分数都会很高。

1. 用红笔把截止日期写在日历上。

2. 分几步来完成这篇论文，并确定每个步骤所用时间。

　　a.选题目（1个小时）；

　　b.研究并搜集资料（3个小时）；

　　c.列出提纲（2个小时）；

　　d.写出草稿（4个小时）；

　　e.征求建议反馈（2个小时）；

　　f.修改并检查，定稿（4个小时）。

现在明确了，你需要在本月投入16个小时来完成这个任务。你可以从日历表中看到什么时候有时间来完成各部分工作，以确保有足够的时间完成论文。还要给自己预留缓冲时间，以防你低估了完成某部分所需要的时间，或者出现一些突发情况（比如打印机坏了）影响论文进度。

你可以把任务以时间划分写在台历上。举个例子，你可以将你的调查研究时间分成两天，每天1.5个小时（见图3—2）。先试着去做，在那些不能按计划完成的区域做下标记，以便将来改进。现在你已将主要任务都计划好了，可以继续更新日程表，其他作业任务也都这样做。做练习3—4练一练。

图3—2			论文写作计划			
8月						2014年
星期日	星期一	星期二	星期三	星期四	星期五	星期六
					1 选择本学期论文选题，确定题目（1小时）	2 吉尔的生日
3	4 查并调收集资料（1.5小时）	5 继续调查并收集资料（1.5小时）	6 和乔一起看电影	7 爸妈的结婚纪念日	8 足球夏令营（早8点至下午3点）	9 足球夏令营（早8点至下午3点）列出论文提纲（1小时）
10 足球夏令营（早8点至下午3点）继续写论文提纲（1小时）	11 足球夏令营（早早8点至下午3点）交电话费	12 足球夏令营（早早8点至下午3点）	13 开始写论文草稿（1.5小时）	14 继续写论文草稿（1.5小时）	15 足球训练（下午1点到下午3点）	16 足球训练（下午1点到下午3点）完成论文草稿（1小时）
17 足球训练（下午1点到下午3点）	18 为论文征求意见（1小时）	19 足球训练（下午1点到下午3点）	20 完成论文征求意见（1小时）	21	22 开始修改论文并校对（1小时）	23 和Josh吃午饭
24 继续修改论文并校对（1小时）	25 继续修改论文并校对（1/2小时）	26 足球训练（下午1点到下午3点）	27 继续修改论文并校对检查（1/2小时）	28 足球训练（下午1点到下午3点）	29	30 完成论文修改（1小时）
31 明天8点交论文打印完毕						

练习3—4   制订计划

　　用台历做的日程表可用于任何一项需要多个步骤才能完成的工作。举个例子，用图3—3为准备一个30分钟的口头演讲制订计划。注意，这项作业是在月初布置的，截止日期已经在日程表上写明，分步骤并计划好时间，然后将它们写到模拟日程表中。

图3—3   将练习3—4中的步骤填写好，计划并完成口头演讲

4月						2015年
星期日	星期一	星期二	星期三	星期四	星期五	星期六
			1	2 啦啦队训练下午3—5点	3 啦啦队训练下午3—5点	4 啦啦队训练下午3—5点
5	6 史蒂夫21岁生日	7	8 啦啦队训练下午3—5点	9 啦啦队训练下午3—5点	10	11 啦啦队训练下午3—5点
12 啦啦队训练下午3—5点	13 啦啦队训练下午3—5点	14	15	16	17 啦啦队比赛	18
19	20	21	22	23 为爷爷奶奶准备贺卡	24	25
26 下午两点看牙医	27	28 参加爷爷奶奶的聚会	29	30 口头演讲		

　　个人习惯　是否有一些个人习惯总会让你浪费时间？担心和拖延是最常见的。担心是一种负能量，假如发觉自己正在极度担心，那么请你思考担心和关心的区别。**拖延症**是另一种浪费时间的习惯，拖延和担心之间是有联系的。拖延症会让你产生罪恶感、焦虑感，不知所措，而由此引发的压力感会消耗你的时间和精力。对失败的

焦虑和害怕会产生忧虑。忧虑和拖延都是影响时间管理的主要问题，也会对你的身心健康造成影响。研究显示有拖延症的学生相对那些坚持计划时间的学生，其压力水平更高，会存在更多的健康问题。

拖延症就是将事情推迟到最后一刻才做，除了浪费时间以外，完成的工作质量比较低下，而那些按计划做事的人会做得更好。产生拖延症的原因包括害怕失败、害怕成功、害怕失去等。还可能是因为对任务缺乏理解或是根本就没有重视。我们应该从那些不必要的压力中解放出来，使用时间管理方法战胜拖延症。

想一下还有没有其他习惯会造成时间浪费，一天中你花在打电话和发短信上的时间有多少？你是否将很多时间用来玩电子游戏、在Face book（脸书）里漫无目的地浏览，或是陷在那些最新的应用软件和社交软件中？互联网、电脑、智能手机还有平板电脑是迄今为止发明的最有用的通信交流工具。然而，这些工具也控制了人们的生活，占用了人们大量的时间。分明刚刚在学校见过面，却还要整个晚上在Face book上聊天，或是在上课时发短信，这肯定不是高效的利用时间的方式。在重要考试的前夜花3个小时玩电子游戏肯定是不明智的（但很常见！）。除了学生，其他人也会因为这些习惯产生很多问题：在工作时间用电子产品做与工作无关的事是造成工作效率低下的主要原因，还可能让你丢了工作。找出那些浪费时间的习惯，问问自己如何才能改进。记住，时间是非常宝贵的东西，认识到自己是如何利用时间的，这是学会时间管理的第一步，做练习3—5，评估一下你的个人习惯。

练习3—5　　　　　个人习惯评估

3=经常　　　　2=有时　　　　1=很少　　　　0=从不

＿＿＿＿生活中，我对很多事情都很担心。

＿＿＿＿我将任务推迟到最后一分钟才做。

＿＿＿＿虽然有事情要做，但我还会花大把时间打电话和发短信。

＿＿＿＿虽然有其他更重要的事情要做，但我还要在电脑、手机/平板电脑或是网络游戏上花很多时间。

　　＿＿总做一件事，我很容易厌烦。

　　＿＿我的总分

　　分数在0—5是很好的，即使是最好的时间管理者也会因为这些习惯而浪费些时间。如果你只是偶尔有这样的习惯（每个都得一分），说明你时间管理得很不错。分数在6—10的话也不是太差，你应该运用时间管理的一些方法技巧改进自己的习惯。分数在11—15分的要注意了，你的这些行为习惯浪费了很多时间，必须作出改变。

　　现在已经对你的个人习惯进行了评估，接下来，你将学到一些有用的方法来克服拖延症，让自己成为高效的时间管理者。这种方法叫作"任务清单"。先看一下这个发生在1910年的故事。

成功案例：一个价值25000美元的建议

　　施瓦布（Charles M.Schwab）作为伯利恒钢厂主席时遇到点儿麻烦，幸好遇见艾维李（Ivy Lee），一位管理顾问。原对话大致是："教我一种方法让我可以在有限时间内做更多事情吧"，施瓦布（Charles M.Schwab）提出要求，"如果管用的话，我会为它支付合理范围内的任何费用。"李给了施瓦布一张纸，"将你明天要做的事写下来"，施瓦布照做了。"根据这些事情的重要性排序"，李继续说道。施瓦布也照做了。李继续说："明天早上先从第一件事做起，直到完成它为止；然后，做第二件事，不要过度求快，直到做完为止；然后，做第三件事，一个一个地来。如果你无法完成计划中的所有事，也不要担心。至少在你被其他事情打扰之前已经将重要的事情处理好了。关键是每天都要这么做。先评估事情的相对重要性，建立优先次序，将计划写下来，坚持做下去。每个工作日都这么做，产生效果后让你的员工也试一下，尽可能长时间地尝试。然后给我一张支票，具体多大面额，那就看你认为这个建议值多少钱了。"几周后，施瓦布向李寄了一张25000美元的支票，施瓦布后来说这是他在商业生涯中所学到的最有价值的一课。1910年的一张25000美元相当于现在的60万美元。

"任务清单"很有用，但最大的问题就是制定的清单冗长而又复杂，最后无力完成。那么应该怎么做呢？

任务清单。你是否毫无计划地就开始一天的学习生活？如果有计划，你是否知道应该先做什么后做什么？制订计划会耗费一些时间，但是这样浪费的时间绝对比你因为没有计划而浪费的时间要少很多。做计划包括将事情进行优先排序。当然，也不要在做计划上花费太多时间。每天花几分钟做计划会为你接下来做事省下很多时间。如果你发现清单上列出的事项太多，甚至一页都写不下，说明你列的任务清单有问题，这样无法发挥制订计划的作用。

像施瓦布一样，许多成功的领导者都深有体会：任务清单是成功的秘诀。任务清单可以将各项任务做好安排，确定优先顺序，还可以扩展思路找方法将任务整合，这样更好地利用时间。

可以用台历协助你制作日常待做事项清单（简称任务清单）。把清单放在你学习的地方，可以随时参考，也方便随时记录任务事情。制作清单要做到以下几点。

（1）记录一天中发生的各种事情、任务、会议、或是答应别人的事、每天都要做的事，把清单带在身边。

（2）按照事情的重要性和紧急程度对其排序。用数字标注，"1"代表最重要或最紧急的。（可在练习3—6中做排序练习）。

（3）根据清单上的排序，完成各项任务，每完成一项就将它画掉。画掉已完成的任务让你有一种成就感和自豪感，同时让你更有动力。每天争取做完清单上最重要的事情，完不成也没关系，不用焦虑、担心，只要将没完成但仍重要的事情排在第二天任务清单的开头就好。

（4）在一天快结束的时候，将剩余未做的事情重新排序，如果哪项没做也不需要做了，那就去除，如果需要第二天继续做，那就将其放在新清单的开头，然后再将其他任务写上。最好把清单放在学习的地方，如桌子上，方便参考。每天花一点时间为第二天的学习工作制订计划，慢慢地会成为习惯，每天只需要几分钟就能完成。然后踏实睡觉，不用担心第二天的安排。

（5）第二天先看一下你的清单并按重要性排序，需要的话可以修改调整。不要安排太满，需要有机动时间，保持灵活性以防发生突发事件。举例来说，一些重要的大事可能需要较长时间才能完成，那么可以在休息间隙或任务告一段落的时候做一些清单上比较简单的事情，或者休息10分钟恢复精力和体力，保持劳逸结合。制订和实施清单时需要多尝试几次，这样才能体会到清单的作用。

温馨提示

- 不要制定特别长的清单。重点关注3—6个重要事情，然后将其他事情做为额外奖励。对于特别忙的人来说，3—6个事情并不算多。每大做3—6件事，积累起来，你会发现自己做了不少呢。在清单上写10—15件事情却一件都没做，因为一看这么多事要做就会不胜其烦，最终什么也没完成。所以说，一定要简单一些!
- 让事情变得有意思一些，保持愉悦的心情和积极的心态。
- 精力充沛的时候做最重要的事情。
- 完成一项任务后要奖励自己。
- 整理好桌面，这样你就不会在找铅笔、词典和其他东西中浪费时间。
- 控制干扰。
- 一旦开始，就要做完。

练习3—6	任务优先排序

假如你是一名老员工了，除了日常工作之外还有以下事情要做。8点开始工作，用数字1—5代表事情的重要性，写在左边的横线上。标出哪个先做，哪个后做。

____为上午九点到十点的重要会议做准备。

____为两周后的一个报告做调研。

____为部门预定11点要用的会议室，以备开会使用。

____请两名员工汇报下周工作安排。

____跟下属见面并安排工作。

总之，任务清单加上大台历可以在很大程度上提高你的时间管理水平。见表3—1，列出了时间管理带给你的收获。

表3—1	任务清单与日程表：它们能为你做些什么？

任务清单

- 帮你有计划地开始一天的学习工作，防止其他人或干扰因素占用你的时间。
- 克服拖延症。
- 帮你制订第二天的任务清单，防止面对事情太多不知所措。
- 让你有时间思考和计划，提高做事效率。
- 帮你调整、规划生活。

日程表

- 让你对要做的事情有整体把握。
- 协助你对重要任务做计划。
- 标出重要的安排、事项和截止日期。
- 帮助你设定目标。

练习3—7提供了一个制订任务清单的机会。

练习3—7　　　　　　制订任务清单

用日程表或台历为明天制定一个任务清单，带在身边，体会其作用。坚持十天，写下有哪些收获，看看你的效率是否有所提高？看任务清单是否有用？

今天要做的事情　　　　　　　　　　　　　　日期 ____

优先要做的事　　　　　　　　任务

_____　　_____

_____　　_____

_____　　_____

_____　　_____

_____　　_____

_____　　_____

其他时间管理技巧

还有一些技巧和方法也可以让你的时间管理更有效果。也就是达到"1+1=3"的目的，这在数学家看来是不可能的，但我们的意思是，如果将两种方法整合，其效果会翻倍增加。

和时间做朋友

有效地运用时间　有人会抱怨"时间不够用"或"没有时间做事情"。学习潜意识时曾讲过：如果你一直告诉自己"时间不够用"，那么就真的不够用。

所以怎么把时间变成朋友"友好相处"？最好的办法就是高效地利用时间。举例说明：

场景1

约好下午一点要去看医生，你还有一些事情没做完。两天后要考试所以晚上得复习功课，而诊室病人特别多，1：30了，你前面还有很多人在排队等待。你开始感到着急、生气，血压上升，肌肉紧张，你担心自己有那么多事情要做，却在这里浪费时间。快2点了，你一肚子火。最后，2：45终于轮到你了，但是效果却非常不好，因为你快气疯了，甚至忘记告诉医生一些重要的信息。然后你回去工作，却一直烦躁不安，回到家，头特别痛，根本没法很好地复习，晚上也没休息好。

场景2

约好下午一点要去看医生，你还有一些事情没做完。两天后要考试所以晚上得复习功课，而诊室病人特别多，1：30了，你前面还有很多人在排队等待。你冷静地拿出资料开始复习，一直学到2：45，轮到你了，你和医生沟通得非常顺畅，并告诉了医生所有要说的重要情况。然后回去工作，现在你已经复习完毕，决定出去看一场电影。回到家，感觉精力充沛，准备好好睡一觉。

场景2将"不利"转化为"有利"，充分利用了时间。排队等候的时间或候诊时间都是可以利用起来的。并不是说你要随时随地都带着工作，但在排队时列一下自己这个月的账单，也可以节省时间，利用省下的时间做些别的事情或者让自己放松娱乐一下也是好的。

学习的最佳时机 在"潜意识的作用"部分，我们讨论过爱因斯坦为什么在早晨刮胡子的时候可以产生很多新的想法。问题就在这里，在"学习策略"章节，你将学到生物钟的概念，换句话说，就是要知道你在一天中什么时间效率最高。大多数人是在早晨效率最高，但是人跟人是不一样的。如果你知道自己什么时候效率最高，就可以将那些比较难的任务放在这个时间做。也许在早晨等车或是上学路上，你会经常产生一些新的想法和建议，可以随身带一个笔记本或是小录音机记下来，防止忘掉。要充分利用手机的录音和记事本功能，并注意备份保存整理。

相反，还有一些时间你不是很在状态。举个例子，多数人在午饭后感到效率很低，没有精神。这些时间躺一会儿，休息一下，检

查一下工作，而不要做一些太费脑筋的事情。

我们都有生物钟，如果关注一下，生物钟是十分有用的。你是否注意到在晚上人会感觉不舒服或是更焦虑？季节变换也会让你的做事效率和幸福感有所改变。这就是为什么在寒冷的冬天，明亮而又温暖的房间会让人做事更有效率。

提前做计划 可能你已经做好了工作计划，但是计划赶不上变化，所以要保持灵活性。如果发生意外，不要恐慌和担心，冷静下来，重新安排时间，尽快进入状态。

另外，当工作太多无法承受时要学会说"不"。说"不"很困难，因为我们怕别人不高兴。但是，如果对每一个人都说"好"，而去承担太多的任务，可能你什么也做不好。

和学会说"不"一样重要的是学会怎么说"好"。比如有人找你帮他做一件重要事情，如果你不假思索地就答应，马上会有一堆事摆在你面前。可以说"好"，但要让对方明确你的职责范围。你可以回答："时间有限，能否分给我任务中的某一部分，这样我可以很好地协助你。"这不但明确了职责内容，也给自己一个机会去选择做喜欢的、擅长的事情。

此外，许多未知的事情可能会打乱计划，所以不要做计划的奴隶，制订计划要合理并有灵活机动的时间，不要全部排满。按期完成任务要给自己奖励，激励自己继续努力。如果是重大繁琐的任务（比如研究论文），完成每个阶段的工作后都要及时给自己奖励，一个小小的奖励将会使你充满动力。但要把最大的奖励留在任务全部完成后。

合理利用科技，避免过度依赖 研究表明我们更容易记住那些"写"下来的事情，但是随着科技的发展，我们越来越依赖电子产品。其实我们可以利用电子产品进行时间管理。

比如，可以让日程表与手机记录本保持同步，方便记录、更新。当一个团队共同完成某项任务时，需要协调整合每个人的计划安排，让大家的进度保持同步，这时电子产品可以让你更方便地为团队中的每个人定计划、安排任务。

说到高效，电子产品对工作效率也会有很大的破坏力，比如社交网络、手机上的APP、电子游戏、娱乐网站、如YouTube、连续剧、情景喜剧、广告等。商家总会想尽办法吸引你，让你愿意付出时间和金钱，因此要意识到这个问题，并努力让自己不被这些所干扰。有效的办法就是将使用电子产品放松娱乐作为对自己的一种奖励，比如，规定只有完成清单上最重要的三件事后才允许浏览Face　book20分钟；完成学习任务后可以给自己最多半小时玩电子游戏。这样你会更有动力去做事、完成任务，这样的放松娱乐也不会让你觉得是在浪费时间。

技术在不断地改进，需要寻找行之有效的办法，不要因为怕影响效率而不敢使用电子产品，关键是怎么使用。

学会保持平衡

"平衡"这个词我们并不陌生，什么是平衡？通常那些最快乐、最高效的人在整合工作、家庭关系和业余时间方面做得非常好，这些人就做到了工作生活的平衡。如果只是一味地照顾他人，留给自己的时间和精力将会非常有限，这样会增加压力、影响情绪。这也反映了时间管理和压力管理之间的关系。

说起压力管理，善于把握平衡的人在家庭和工作相互冲突时可以听到内心的警报声，就像我们之前讲的要进入负向压力、范围时身心发出警报声一样。善于把握平衡的人能够清醒地意识到工作、学习之外的休息时间对于恢复体力、精力有多重要，他们会设定好目标，保持积极心态，从而更好地完成任务。

表3—2	认识到自己正在失去平衡
• 缺少幽默感是第一信号 • 缺少足够的睡眠（大多数人需要8小时） • 在课堂上或会议中总是打哈欠、犯困 • 任务太多，超出负荷 • 变得容易烦躁	

享受属于自己的时间

在日程表或台历上写下一些有趣的事情并标记出来，这样，日程安排中除了任务，还有一些有意思的事情，这让日程表看起来更"友好"，并且可以提醒自己留有时间去休息、放松。你需要给身体充电。手机电量低时需要充电，否则就会关机。你也一样，必须及时补充能量。研究表明，表现卓越的人都会劳逸结合，在劳累之后及时安排时间休息然后再开始新的任务。会休息才会工作，学会放松对于提高效率很有必要。

度假是一种很好的放松方式，但是有些人常常在假期安排太多事情，或者放假了依旧安排工作，度假就是为了让你身心放松并重获能量。要知道哪种度假方式适合自己，对有些人来说，在海边待两天就是度假，对有些人来说可能是爬山，还可能是宅在家里什么也不做。总之，选择适合自己的方式才是最好的。

练习3—8　　评估运用时间管理策略后的进步

我们已经谈论过如何更好地管理时间，下面就开始行动吧。在接下来的四周里，将学过的方法应用到学习和生活中，一个月后再回来回答下面的问题：

你感觉每天有多少空余时间？跟上个月相比，空余时间有无变化？如果变了，怎么变的？

旧事重提

我们总以为科技会帮我们节省时间，但并不总是这样。哈里斯测验显示，美国人均每周的业余时间从1973年的26.6小时锐减到1987年的16.6小时。你可以猜猜看今天的人们有多少业余时间。

事后思考

不论假期在哪里度过，你必须使自己放松，确保自己全身心投入其中。换句话说，不管你在做什么，或者你在哪里，学会享受属于你的时间。

_____

_____

　　用日程表做记录是如何改变做事效率和空余时间的？过去用过日程表吗？若没有，这个月用过后发现有没有什么特别的变化？

_____

_____

　　你是否用过日任务清单？优先排序是否可以让你重点关注要完成的任务？列清单时，写出自己的日常工作，还要写出如何完成这些任务。

_____

_____

你是否发现自己在一天中某些时间段的效率最高？有的话，是什么时候？

_____

_____

　　生活中，你采用了什么方法来有效地减少日常干扰？你是否实施了自我奖励？

_____

_____

你是否感到自己管理时间的水平有所提高？

_____

_____

　　你打算如何改进自己的时间管理技巧？

_____

_____

财务健康：金钱问题

　　社会上常见的一种观点是：金钱和物质财富的积累等于成功。虽然有钱可能是你长期目标的一部分，但不能只关注金钱。历史上许多成功的人并不富裕，圣雄甘地是一个典型的代表，他改变了整个印度，也改变了世界，然而他在世上只有四样东西（眼镜、手表、草鞋和粗布棉袍）。

做练习3—9，思考你对成功的定义和对金钱的看法。

练习3—9	你如何看待成功和金钱

你对成功的定义是什么？

_____

_____

你认为的成功人士身上的特质、特点是什么？

_____

_____

是什么个人品质使他们获得成功？

_____

_____

你有什么特点可以助你取得成功？

_____

_____

列出一年内要达成的两个目标。

_____

_____

列出五年内要达成的一个目标。

_____

_____

你认为有钱就是成功吗？

你是否像有些人那样把钱视作改善工作生活的工具？

钱可以帮助你实现目标，你对钱的理解越透彻，越能管理好钱。像时间管理一样，你对钱的态度是很重要的，如果你不断告诉自己"我永远也不会有钱"，那你就真的不会有钱。你必须改变这种消极的想法，掌握一些财务知识，学会正确地使用金钱去提高生活质量。

在财务的态度上保持平衡

对大多数人来说，金钱像时间一样，是一种有限的资源，同样需要管理。每个人的财务状况都不同，所以每一项预算都要符合个人实际。不管收入增加了多少，我们都需要认真地做预算，因为伴随收入的增加，财务上的责任也更大，需求也更多。财富与幸福不是成正比的，许多百万富翁破产或过着悲惨的生活，相反，一些人很穷却过得很快乐。

练习3—10　　　　　　　　需求与欲望

你是否真的需要200美元的帆布鞋，或者你只是想要拥有？钱不够的时候，这是一个需要认真考虑的问题。为帮助你区分"需求"和"欲望"，回答以下几个问题。

列出这个月的钱都花哪儿了？包括固定支出和变动支出（如下），例如包括账单、租金、交通费用、衣服、食品、娱乐、健康和美容等。

各种花销	是需求还是欲望	花费数额
———	———	———
———	———	———
———	———	———
———	———	———
———	———	———
———	———	———

你在需求上花的钱更多还是在满足欲望上花的更多？

_____

你是否因为别人有你也要有才买某些东西？

_____

你是否在最低折扣时才买？

_____

你这个月可以省下多少钱？

_____

解释下面的观点：最好在收入内消费，不要入不敷出。

_____

小提示：如果不知道是因欲望还是需要而购买，那就等24小时后再决定要不要买。

学习财务基本知识

进来的钱叫收入，收入有各种来源，比如薪水、津贴、幼儿补助、财政补贴（像福利或社会保险），另外还有退税、礼品卡、利息和投资收益等。

收入的总和称为毛收入，然而老板会以各种名义扣掉一些钱，比如税收、保险费、工会会费、停车费等，真正带回家的叫作"净收入"。

收入很容易算，那么回答这个问题："你的钱都去哪儿了？"花掉的钱称为支出，有两种：固定支出和变动支出。固定支出每月基本相同，比如房租、房贷月供、各种账单（电话费、有线费和网络费），还有偿还贷款。变动支出每个月可能都不一样，包括食物、衣服、娱乐、天然气、修车和教育等费用。

理论上说，净收入要大于总支出。想要合理支出，先要学习一些基本的财务知识并制订理财计划。计划和控制金钱的用途被称为做预算。做预算有如下好处：

- 让你知道钱都去哪儿了
- 减少担忧，有助于缓解你对金钱流向的担心
- 将关注点放在生活中的目标和重要事项上
- 帮你控制支出
- 留出娱乐和享受的时间

做预算的几个步骤

简单地说，做预算有两个步骤，第一步是收集数据，对收支情况有一个全面的了解，这需要时间和记录。有了数据，第二步是分析财务状况并制订预算。此外，你要定期检查预算方案并作出必要的调整。做练习3—11，开始第一步。

练习3—11	明确收支情况

用这个表格（或你自创的也可以）持续记录3个月的收支情况。

月_____　　　　　　年_____

月总收入

工资/薪水（净薪资）　　　　_____

小费（若有的话）　　　　　_____

财政援助　　　　　　　　　_____

外界支持（父母或其他人）　_____

其他　　　　　　　　　　　_____

月总收入　　　　　　　　　_____

月总支出

固定支出（房租、公用事业费、借贷还款、保险费等）

支出种类	到期时间	数量
_____	_____	_____
_____	_____	_____
_____	_____	_____

月固定支出总额　_____

变动支出（这项较难统计，列出所有费用包括食物、交通、娱乐等）

支出种类	支出费用
_____	_____
_____	_____
_____	_____
_____	_____
_____	_____
_____	_____

变动支出总额_____

月支出总额（固定加变动）_____

存下来或用于投资的金额_____

现在知道了自己每月的收支情况及储蓄情况。第二步：分析财务状况，有几种方法，有些人喜欢将支出分成几大类，计算出每项费用所占的百分比，如图3—4。另一个方法就是问自己几个重要的问题，如练习3—12。

练习3—12　　　　分析收支情况

回答以下问题

你的收入是否能够满足支出？

_____

你是否在某部分花了太多钱？是的话，哪一项可以砍掉？

_____

你是否为某个项目、活动而存些钱？（度假、学费或是未来一些较大支出，比如买台新电脑。）你需要留出一笔钱，用于某些意外的大额支出，比如支付汽车保险、不可预计的保养和修理费用。

_____

图3—4　　　　　　　　　　支出图表实例

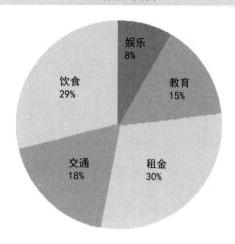

入不敷出怎么办？首先，减少支出。减少支出并不意味着就是节衣缩食减少花费。而是要通过一些小的改变减少一些不必要的开支，比如以下建议。读过下面的内容后，做练习3—13。

- 怎么做减少日常开支呢？灯不用的时候要关掉；将恒温器调低1—2度或将其设置成睡眠模式，这样温度会在你睡觉时降低一些；不要总是用很大的水流淋浴，这样很浪费水；使用更便宜的手机套餐……小小的改变慢慢积累可以节省很多。
- 找一个值得信赖的室友合租（可能的话），分担房租。
- 每周自带几次午餐，一周只带三次午餐可以省12—15美元/周、60美元/月。
- 步行、骑车或拼车可以节省交通开支，减少自驾出行，定期保养减少大修的费用，每3000英里更换一次机油，这是延长发动机寿命简单而有效的办法。
- 节省衣食方面的费用。可以在折扣的时候买一些不易坏的食物；买打折的衣服；货比三家；使用优惠券；减少外出吃饭的次数。
- 选择免费或便宜的娱乐方式，如徒步旅行、读书、参加俱乐部、租借电影。搜集对学生有优惠的娱乐方式。
- 不买名牌，许多普通牌子的产品质量也不错。
- 不要攀比，尤其是和那些有钱的朋友，因为总有人比你更

健康和财富

身体健康与财务状况是紧密相连的。量变引起质变，举例来说，健康饮食、经常散步、戒掉不好的习惯（诸如抽烟、酗酒/赌博、吃太多甜食）会对健康和财富都有好处，如果你每周省下10美元，一年就是520美元，可以应对突发事件，或者作为一次休闲娱乐的费用。

有钱。

- 写下你的理财目标，比如想度假，那就提前一年每月攒钱，然后实现这个目标，还可以和朋友们一起共摊费用、省下开支。几年的节俭生活绝对可以付清一些非常重要的花费（比如学费）。

现在，看一下你是否能运用本文中的预算方法在练习3—13中作出自己的个人预算。

练习3—13	挑选方法

从上面清单中选择一个方法或自己想一个办法节约开支。坚持一两个月，算一算你能省下多少钱，当习惯成为自然以后，再选择另外一个坚持下去。

把你的办法写在这儿。_____

练习3—14	总结练习

制订预算

运用你学到的，加上练习3—13中的数据来制订下月的预算，列出各项支出的总和（如衣服、食物等支出）。

月　　　　　　　　　　　　　　　　年

月收入总额　　　　　　　_____

支出类型	预算总额
租金	_____
日常费用	_____
电话费	_____
有线电视、网络费	_____
还贷款	_____
保险费	_____

交通费用、维修费用　————————————

食品　————————————

衣服　————————————

娱乐　————————————

医疗　————————————

教育（学费、书、借款）　————————————

应急资金（攒钱）　————————————

为长期目标存款（房、度假）　————————————

其他　————————————

支出总额　————————————

你的支出总额应该等于最好少于收入总额。

制订好预算方案后，事情还会变化，要随时调整预算方案。

选择合适的金融机构

如何选择合适的金融机构？

- 看看哪家金融机构能够提供你所需要的服务，最好去政府提供担保的银行，比较保险一些。

- 确保金融机构提供的服务确实是你所需要的，比如活期存款、借记卡、信用卡、贷款，免开户费与透支保障也非常必要的。

- 货比三家，选择利率更优惠的。一般来说，我们要找的是存款利率高、贷款利率低、信用卡利率低的。

- 也要考虑是否便捷，比如金融机构的位置、离你远近程度以及是否提供代发工资打卡的服务。

信用卡，朋友还是敌人？

你会收到很多申请信用卡的邮件，正确使用信用卡，它非常有用，但是得到钱太容易了也不是好事。"现在用，以后还"听起来很好，但是经常会出现使用后需要几倍偿还的问题。

你需要贷款来付学费、养家、养车、应对突发事件，但要小心掉入信用卡的陷阱。钱不是白借的，需要付利息，有时还会有额外的收费，一定要注意有关付费的条款。除非你已经完全理解了所有的条款，否则不要轻易签订信用卡协议。如果不确定，可以找一个值得信赖的人给你解释一下。

信用卡会影响信用评分，信用分数会影响贷款申请、找工作和其他重要的与经济有关的问题，下面会深入分析。

使用信用卡时要注意以下几点：

- 只有肯定自己有能力偿还时才刷信用卡。
- 可以在网上监测信用状况，你会吃惊地发现，小的开支怎么会叠加得这么快。大部分银行会提供的安全移动应用软件，这样可以随时在网上查看收支明细。
- 不要理会"最小还款额"，通常金额都很小，因为银行想让你认为"最小还款额"容易偿还，但是欠款必须支付利息。
- 查看信用卡透支的日期，确保及时还款。如果每月都按时还清，就不用支付利息，还会增加信用评分。
- 要有一个存取方便的账户，并保证有足够的钱偿还欠款。可以登录信用卡网上银行，将信用卡与这个账户绑定起来，方便还款，只要在账户中输入还款金额，点击提交就可以了。
- 先开通较低的透支额度，这样安全一点，再看看奖励条款，有时会有免除利息的规定。但要小心，这些奖励可能会诱使你花费更多。

经常问问自己："如果只能用现金付账的话，我还会买这个东西吗？"如果自己的财务状况无法承担信用卡透支，那么建议你先用借记卡。使用借记卡更像是使用现金，因为账户里必须有钱才能用。

保持良好的信用评分

拥有良好的信用记录可以通过较低的利率拿到贷款，信用记录反应了你是否按时还款，信用分数越高越能贷到更多房款和车款。

保持良好的诚信评分，要注意以下几点：

- 按时付账单，不拖欠还款。
- 使用信用卡并每月还清全部欠款，试着找一个无年费、利率低的信用卡。
- 刷卡不要超出信用额度，离限额越近，信用评分越容易受影响。
- 如果不能在一个月内还清信用卡欠款，至少要在到期时还上最低还款额，否则会降低信用评分。
- 不要申请实际上并不需要的信用卡或贷款，这也会影响信用评分。

关于税收

预算计划中要考虑到税收。我们将计时工资乘以工作的小时数，发现拿到手的钱并没有那么多。这就是我们前面提到的"毛收入"。这个收入减去税收和别的支出才是你实际可以拿回家的钱数，称为"净收入"。你可能会问："什么是FICA，为什么它要拿走我的钱？"FICA是美国社会保险法，就是从你的收入中拿出一部分上保险，保险是你退休后的收入来源。除此之外，如果你残疾了无法工作了，保险还会付给你钱来维持生活。FICA还会扣除医疗保险，让你有健康的医疗保障。

其他扣除项目还包括联邦、州和本地的税收，因收入和所在地不同，扣除的比率也不一样。还有健康保险（包括视力、口腔等）、人寿保险、残疾保险、退休捐助等。这些费用累加在一起减少了你的净收入。因此，根据月收入做好有关减免税款、定期缴款保险的预算是十分重要的。

在美国，每年4月中旬还会有年度税收。根据财务状况，也许你要向政府交一笔额外的款项，也许你会得到退税。每个人的财务状况不同，建议交税时认真学一下现在的税务法，尤其是对你有利的税法知识（退税、减税、免税等）。总而言之，因为要交税所以做预算时要留有余地。

教育资助

有多种途径可以获得教育资助，除了工作挣钱来满足教育之用和生活所需，还可以靠家庭资助、贷款。贷款是必须偿还的，而补助金是一种不需要偿还的资助形式，如果可能，最好申请补助金。

奖学金 同样是不需要偿还的，有的是根据需求设置的，有的是根据成绩设置的，也有根据社区服务贡献和论文写作能力来设置的。

助学贷款 也可以为你提供教育资助，因为是政府提供的资助，所以利息很低。助学贷款一般是在毕业后才要求偿还的。申请要求每年都在变化，要注意以下几点：

- 尽早与金融机构资助中心的负责人沟通，了解学校和政府（州和国家）提供的贷款、助学金和奖学金，这是最新信息的最佳来源，查明截止日期，尽早申请。

- 看社区是否知道如何申请补助金和奖学金。

- 网上搜索助学金和奖学金申请的有关信息，但对收费网站要提高警惕。只要你用心就能找到有用的信息。

- 也可以找亲戚朋友帮忙。找亲戚朋友借钱可能会不舒服，应该签订合同避免以后发生纠纷。借钱必须要还，否则你将失去信用。

记住：要得到财政方面的资助（包括补助金和贷款等）是要看学习成绩的。如果成绩不好或者没有进步，经院系确认后会取消财政补助。

关于身份被冒用

身份可能会被冒用而你却毫无察觉，因为有人知道了你的社会保险号，登陆了你的账户，这样的话，你的信用等级会被破坏。要避免成为受害者，可采取以下措施：

- 绝不透漏你的社会保险号，除非你确信是安全的。只在开银行卡或申请信用卡、申请工作职位和报税时透露社会保险号。

- 别泄露信用卡号，不要随意丢弃任何信用卡账单或有信用卡和社会保险号的邮件。

- 不要把社保卡放在钱包里，放在家里比较保险，需要的时候再拿出来。

- 每年检查信用等级至少一到两次，确保没有错误。

- 有些邮件设计的很诱惑人（例如"点击这里领取现金奖励"），还有些设计是吓唬人的（如"往期欠费账单"），不要回复垃圾邮件，即使看起来像是合法的（比如好像是公司或银行发出的），先联系客服中心或人力资源部查明信息是否真实合法。

了解你的学校

资源名称	_____
办公地址	_____
电话号码	_____
邮箱地址	_____

学校会提供解决财务问题的服务机构。调查一下学校有哪些资源可以帮助你，例如个人咨询服务和财政资助办公室，把信息列出来，放在显著的位置，如贴在冰箱门上，便于查询。

制订合理的计划

沙琳周一有个考试，还要为几周后提交的论文查一些资料。她已经在日程表上安排了周末去图书馆收集写论文的资料，还要在考试前参加学习小组的活动。她的朋友梅丽莎邀请她一起去参加一个志愿者活动——教孩子们个人安全方面的知识，时间在本周末，沙琳想去帮忙但是有一大堆事情要做。她还想去图书馆学习。这种情况下，如何能让她去参加活动而又不影响学习，你能提出一些建议吗？

_____

_____

_____

你能建议沙琳在本周前做哪些事情，既可以帮梅丽莎又能让她有时间去图书馆，还能在周末为自己留出一些时间？一个小提示：用记事本、日程表提醒这些事。此外，你还有其他的建议吗？

_____

_____

_____

学会如何学习

学习目标：

通过本章节的学习，你将掌握以下内容：

- 学会安排学习
- 课堂上如何有效听讲
- 学会记笔记
- 多种记笔记的方法
- 最有效的记笔记的方式
- 有效的阅读方法
- 掌握网络学习的方法

我的学生成功实验站

"我的学生成功实验站"是一个在线解决问题的网站，它可以帮助你不断提高个人能力和职业能力，使你越来越强大且自信。欢迎访问网站：www.mystudentsuccesslab.com。

为什么学习本章内容

掌握良好的学习技能是学生学业成功最重要的因素。也许你已经掌握了一些学习方法，那么可以通过本章来复习一下。此外，你需要根据目前的学习工作情况，重新调整、修订你的学习策略。如果你打算换专业或职业，那要学习不同的学习策略、学习方法。

即使毕业了，你也要将学习方法用于生活中，终生学习很重要。也许工作后就不在乎老师的评价了，但是同事和上级会评价你的工作成绩。

通过本章内容，你将学到如何将所学知识应用于工作中；有效的阅读策略对课本阅读有用，对今后工作中的阅读同样有用；记笔记的方法不论是课堂上还是工作中同样有用。这些技巧都可以由学习迁移到工作中，并影响你职业生涯的成功。

导言

本章主要介绍一些重要的学习技巧和方法。包括：安排学习环境、制订学习计划和时间管理技巧，以及如何记笔记。这些方法将帮助你更好地完成学习任务。完成练习4—1，评估你现在的学习状况。

练习4—1　基准评估：自测—你的组织安排能力有多强？

结合自身情况，在符合的答案上打勾：

____我有一个安静的学习环境。

____我有比较好的学习习惯。

____我的学习环境比较安静，不会受外界打扰。

____朋友和父母都支持我，不打扰我的学习。

____我不会在床上阅读或学习。

____我的书本摆放有序。

____当需要某种学习材料时，我毫不费力地就能找到。

____我从没有过忘记带作业。

____我有一个记录了课程和考试时间的日程表。

____我有学习计划，可以帮我坚持完成学习和其他任务。

____打勾总数：

8个勾或以上：你组织安排能力很好，很有条理性，只需要在一两个问题上努力一下。

6—7个勾：本章可帮你提升组织安排能力。

4—5个勾：你需要提高学习方法和技巧。

3个或更少：你的学习方法有待改进，需要立即学习以下内容。

安排学习

如何安排

许多书中会告诉你一些所谓的方法，比如买最新的笔记本、日程表、卡片还有其他数不清的工具。也许你会像许多学生一样，用手机或者平板电脑做记录、安排任务。然而，几周后就不在坚持做了。

方法很多，但不会有一种方法是绝对适合你的。关键是需要你结合自身实际情况，找到简单、持续和系统化的方法。

笔记本和其他材料　没完成作业，却说"我将作业写到另一个本上了"，这有用吗？安排好自己的事情，建议每门课用一个笔记本。如果你是全日制学生，可以每门课准备一个笔记本，这样就不用每次上课把所有材料都带上了。还可以每门课选择不同颜色的笔记本，以防带错。

课堂上，笔记本电脑和平板电脑越来越常见。如果使用电脑记笔记，一定要将笔记整理好存入文件夹中并标注好名称及时间。要常常复习笔记。另外，学习时不要用电子设备做与学习无关的事。

日程表　时间管理章节，我们讨论过运用日程表来制订长、短期计划。记录了需要处理事项的日程表非常有用。日程表还可以帮你明确事务完成的截止日期，以及对重要任务的安排计划。

学习环境　学习地点也很重要，理想的学习环境应该有学习的氛围，干扰少、采光好，桌子上摆放好基本的学习用品（像笔、纸、计算器、电脑等），见图4—1。

图4—1　　　　　哪个人能很好地利用学习时间？

如果你住校，想想如何才能好好学习？你是否在安静、无干扰的情况下精力最集中？也许要离开宿舍，在图书馆或教室里才能安静下来，才能进入最佳的学习状态。

如果你是走读生，需要收拾出属于自己的学习区。如果在卧室里学习，记得不能在床上。可以在光线好的区域放一张书桌，坐在椅子上学习可以帮你集中精神。若你在起居室或在餐厅里学习，要尽量避免电视、噪音和其他人的干扰。另外，还可以在学校的自习室学习。

练习4—2　　　　这幅图有什么问题？

看图4—1　　指出图中的学习环境有哪些可以改进的地方？

1.＿＿＿＿＿＿＿＿＿＿＿＿＿＿＿＿＿＿＿＿＿＿

2.＿＿＿＿＿＿＿＿＿＿＿＿＿＿＿＿＿＿＿＿＿＿

3.＿＿＿＿＿＿＿＿＿＿＿＿＿＿＿＿＿＿＿＿＿＿

制订学习进度表

创建个人学习进度表有几种方法，包括各种时间管理的技巧。根据实际情况决定哪个方法更适合你。

时间管理的重要性

如果要旅行，制订一份计划、做好行前准备是必不可少的。学习也是如此，准备工作就包括制订"日程进度表"。如果刚开始制订的几个进度表效果不佳，不要气馁，可以加入一些弹性时间，安排好休息、娱乐时间，这些对学习同等重要。

安排学习时间

在创建学习进度表时，学生倾向于安排整块的时间用于学习。不要低估琐碎的时间或者说"那些被浪费掉的时间"，比如可以利用候诊时间来学习。很多时候，零散的几分钟累加起来不是个小数目。另外，走读生可以在上学路上练习听力、背单词。如果你去赴约而对方又姗姗来迟，可以利用等候的时间做会儿数学作业，如果在等待时做了一两个难题，这就是很好地利用了时间。

劳逸结合

利用零散时间学习比长时间地持续过度学习更有效果。如果有整块的几小时的学习时间，要在学习了30—50分钟后适当地休息一会儿。可以听两首歌，洗洗衣服或查看一下电子邮件，这些事花费时间不长，却能让你稍事放松，让头脑更清醒。检验学习效果就要阶段性地问问自己刚才学的、看的、读的是什么。如果回答不出来，说明学习效果不好，需要休息，让自己恢复精力。

白天的时间

白天的学习时间很重要。每个人的生物钟不同，有些人可能是上午学习效率高，了解自己的生物钟可以帮助你提高学习效率。因此，要在头脑最清楚、精力最集中的时候尽可能多地安排时间学习。练习4—3中，复习一下时间管理的要点。

小贴士

- 别忘了参考季度或学期计划日程表。因为日程表中包括作业截止时间、考试时间、会议时间等重要事项，方便制订周计划。留出一些自由时间，如果你发现经常无法按照日程表做事，可能是你没有控制好时间，最好复习一下如何进行时间管理。

记住列"任务清单"这一原则，养成每日做计划的习惯。早上或前一天晚上，花一些时间列出你要完成的事，然后将任务进行优先级排序。

练习4—3　　　　　　　　　　　创建日程表

用表4—1，将每周的上课、学习时间标注出来，还可以将一些必做的事项写进去，比如工作、学校组织的活动。不要忘记写上个人放松、娱乐的安排，如锻炼身体、吃饭、社交活动。

表4—1				学习网格			
	周一	周二	周三	周四	周五	周六	周日
上午6—7							
上午7—8							
上午8—9							
上午9—10							
上午10—11							
上午11—12							
下午12—13							
下午13—14							
下午14—15							
下午15—16							
下午16—17							
下午17—18							
晚上18—19							
晚上19—20							
晚上20—21							
晚上21—22							
晚上22—23							
晚上23—24							
凌晨0—1							

注意：要劳逸结合（学习30—50分钟后要放松一下）。上图中如果需要分成30分钟的时间段，可以在每格中间用一条线分开。

做练习4—4测试目前的学习习惯情况。

练习4—4　　　　　　　　评估学习习惯

回答下面的问题，选择最适合你的答案。

3=总是如此　　　　　　　2=有时　　　　　　1=很少

你是否有专门的学习地点？

_____

你学习的地点是否安静？

_____

条件和光线是否合适？

_____

学习的地方是否有你需要的学习工具（铅笔、纸、电子工具等）？

_____

你是否知道考试、论文和作业的截止时间？

_____

你是否在每个学期制订学习计划表？

_____

你是否很好地利用了零散时间？

_____

结果如何不重要，关键是要你如实填写，这只是对你目前状况的评估，最终目标是让你的回答都变成"总是如此"。如果现在你已经达到了，那么太好了！若不是，要制订一个行动改进方案，让答案在不久的将来变为"总是如此"。

根据你的答案，制订一个行动计划，重点关注两个具体目标，改进学习习惯。在制订目标时记得按照SMART原则来做。

———————————————————————
———————————————————————
———————————————————————
———————————————————————

阅读方法

掌握阅读技巧和策略，会让你觉得考试、学习都变得简单、轻松了。

首先，做练习4—5，评估你现在的阅读技巧和策略。

练习4—5　　　　自评：阅读方法、效率如何？

在符合你实际情况的表述上打勾

＿＿我在课前预习课文，以便对其有个大概了解。

＿＿每天我都会安排时间完成阅读作业。

＿＿我能够坚持阅读，特别是课本内容的阅读。

＿＿我会预习阅读作业，记下标题，认真看前言和总结。

＿＿看过课文后我会提一些问题并参与讨论。

＿＿我会检查自己对文章的理解程度，在不理解的地方作上标记。

＿＿完成阅读作业后，我会再看一遍并记下仍不理解的部分。

＿＿我会在课文的空白处记下或标出要注意的问题。

＿＿我会在阅读材料的空白处做笔记。

＿＿充分利用课文中的补充材料，关注文章提出的问题和总结。

＿＿打勾总数：

9项或更多打勾，表明你完成阅读作业时运用的策略很棒，同时可以在未打勾的内容上继续努力。

7—8项打勾，表明你的阅读方法较好，通过本章的学习会有所提高。

5—6项打勾，表明你需要改进阅读方法。

4项或者更少，表明你需要好好学习本章内容，着重改进阅读方法。

不论年龄、学术背景、专业和自信程度，学生们面对阅读作业时都会觉得有难度。改进阅读的方法有两种：一是合理安排阅读时间，二是用积极的而非消极的态度去阅读。

合理安排阅读时间

举个例子，这周必须读一章50页的材料，内容比较枯燥复杂。你可能会觉得50页太多了，因为其它课程也会有阅读作业。但是，如果你每天读10页坚持一周，这样看起来就不那么难了。再进一步，如果将每天阅读的10页再分成两部分，上下午各一半，一天分两次来做，这样似乎更容易了。关键是运用时间管理策略完成阅读任务。

阅读方法

我们提供了很多方法帮助你完成阅读任务，并不是简单地读过就行，还要理解、记住。消极阅读的学生只是懂了字面意思，缺乏深度理解，没有标出不懂的词语或提出问题。你是否有过这种情况：读的过程中，突然停下来发现自己根本不知道刚才究竟读了什么，这就是消极阅读。而积极阅读的学生会用各种方法检验自己对文章的理解、掌握情况。积极阅读似乎比消极阅读花费更多的时间，但其实是节省了时间，因为加深了对文章的理解，考前复习就简单了，不需要花费太多时间。

积极的阅读策略包含"写"：课文中做标记、和做课堂笔记。大部分积极的阅读策略都有以下特征：

预习 预习一般要浏览标题和副标题，认真阅读前言和摘要，注

意用斜体字和黑体字印刷的关键点。许多学生在阅读前会先看结尾处的总结和问题，这样他们可以带着问题去读文章。

用彩笔做标记和划线　先读，然后标出重点，有助于深入阅读。最好先读一部分，然后再浏览一遍，再做标记。如果你边读边做标记，这样可能做的标记太多，影响重点，达不到做标记的目的。许多人认为总结要点比在文中做标记更管用。建议你根据自己实际情况做选择。

旁注　除了用彩笔标记、划线和总结关键点，还可以在页边空白处记笔记。记下问题、重要的概念或解释。这些笔记可以帮你有效地复习，并且记笔记的动作可以帮你记住文中的内容，见图4—2。

图4—2　　　　**作标记和笔记的课本样本页**

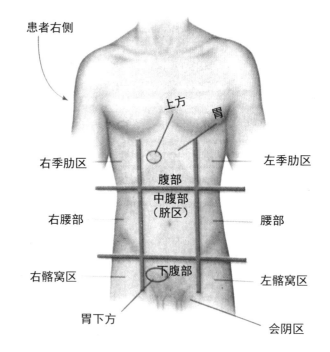

资料来源：根据布鲁斯·考伯特,杰夫·安肯,卡伦·李编：《为卫生专业的学生编写的解剖学与生理学：一段互动之旅》，培生教育出版集团2007年版整理。

运用辅助资料 如果每章结尾处有课后思考题，那要试着去回答，这是很好的学习辅助资料。如果教师在网络教学平台上发布学习指南和其它辅导材料，一定要充分利用。还有课本附带的学习指南、光盘或推荐的一些学习网站，这些资料都可以帮助你加深对所学内容的理解。

课堂笔记 笔记要清楚、准确、易读。记笔记是为了获取重点，而不是把老师所讲内容一字一句地记下来。试着总结每个章节的主要内容，这样可以将大脑与"写"联系起来，而考试中肯定要写，那么"写"这个动作可以帮你回忆看过的内容。总结有许多方法，可以用罗马数字或字母将重点总结罗列出来，也可以用图表、图画等形式呈现。举例见图4—2。

在练习4—6中测试你的知识。

| 复习笔记 |

在时间管理章节，我们学过如何有效地利用时间。在必须等待的时间里（比如说等医生看病或其他约会时），可随身携带笔记，在这段时间通过复习笔记，以及好的利用时间。

图4—2 **课文笔记的样式**
第二章：身体分区

腹部分区概述

　　1.腹部可分为9个部分。

　　2.理解医学术语并帮助定位。

实际分区

　　上腹部——在胃上方，肚脐上方区域，左右季肋区足位于左右上腹部。

　　中心区域的肚脐区域成为**脐区**。

　　病人的脐区左右称为**左右腰部**。腰指的是背下部，与腰椎保持在一个水平线上。

　　下腹部在胃下方，在左右侧面，靠近回肠附近区域。

　　腹股沟区域指的是大腿与身体的连接处，也就是穹窿交接线区域。

要掌握的问题和重点：

　　腹部区域的九个区分别是什么，在哪个位置？

学习工具

　　用图4—3。

学这些医学概念，找到相应位置。

然后做有关练习题进一步巩固所学知识。

练习4—6　　　　　　　　　评估你的阅读方法

你是否每天安排时间阅读？

　　有时　　　　　　　总是　　　　　　　　很少

你是否标注了课文的重点？

　　有时　　　　　　　总是　　　　　　　　很少

你是否总结文章的关键点？

　　有时　　　　　　　总是　　　　　　　　很少

你是否能自己归纳总结做好笔记？

　　有时　　　　　　　总是　　　　　　　　很少

如果这些问题都回答"总是"，说明你很不错。如果有其他回答，请针对回答"有时"与"很少"的对应项制订行动计划，予以改进。记住使用SMART原则设置目标

写下你的目标：

_____

_____

_____

记下有效的课堂笔记

我们一再强调"方法"很重要，掌握记笔记的方法可以使你的课堂笔记更有效。先做练习4—7，对自己做个评估。

记笔记的方法

听　记好笔记，听很重要。只有认真听，抓住重点，笔记才能准确、清晰、易懂。记笔记时精力集中，避免干扰，不做白日梦。

练习4—7　　　　　自评：记笔记、听讲效率如何？

在符合你的那一项上打勾：

____课堂上我能够做到精力集中。

____我有办法解决或避免各种干扰。

____我会做课前预习。

____有选择的话，我会坐在干扰最少的地方，比如靠近老师、远离窗户和出口的地方。

____我的课堂笔记清晰、易懂。

____课前我会复习上节课的笔记。

____我的笔记很有条理，便于查找信息。

____我会划线或用彩笔标出重点。

____有不懂的地方，我会在课上提出来或去老师办公室请教。

____主动在课上回答问题。

____打勾总数

打勾9个以上，掌握了较好的记笔记的方法，继续坚持。7—8个勾，记笔记的方法还是不错的，但仍有改进的空间。5—6个勾，需要改进记笔记的方法。4个或更少，需要认真学习记笔记的方法。

找一项你未打勾的，制订改进计划。

行动计划：

_____

_____

_____

提高课堂注意力的方法：

- 坐在教室的前排。如果可以选择座位，尽量坐在前排或靠近前排的位置，这样不容易被打扰。
- 课堂上尽量不用手机、平板电脑等电子设备，除非必须用它们记笔记和录音。
- 复习旧课、预习新课，找出问题。
- 提出问题，带着问题听讲，找答案。
- 避免分神，如果突然想起什么事情，先记下来，课后再处理。
- 主动回答问题。

组织 如何组织笔记，以下是一些有效组织笔记的方法。

- **用康奈尔方法。**康奈尔方法由沃尔特·波克（Walter Pauk）创建，在笔记本的每个页边上画一条5厘米长的竖线。在线的右边记笔记，左边写关键词、记下问题，如图4—3。
- **可以用活页笔记本，**并按科目分开，或者每个科目一个笔记本，甚至还可以不同科目用不同颜色的笔记本区分开。
- **复习笔记，**可以查漏补缺，及时发现自己不懂的问题，请教老师。
- **标出笔记的重要内容。**

图4—3	笔记对比

缺乏组织的课堂笔记

句子

一个完整的句子有两部分，主语和谓语动词。主语可能是名词或代词，名词分为人、地、物，代词分为人称代词、指示代词、不定代词和物主代词等。

动词是描述动作的词语，形式随人称、数量、时态的变化而变化。人称有第一、第二、第三人称。数有单数和复数的区别。时态有现在时、过去时、将来时、现在完成时、过去完成时和将来完成时。动词分为规则动词和不规则动词。规则动词是动词原形加上规则的前后缀。不规则动词会更改动词整个的发音。还有一些动词会和助词一起使用。

用康奈尔方法的课堂笔记

简单的句子：主语+谓语动词

句子的两部分是什么?	一个完整的句子有两部分：一个主语，一个谓语。
什么是主语?	主语：一个名词或代词。
什么是名词?	名词：人、地、物。
什么是代词?	代词：代替名词的词。
代词怎么分类?	代词的分类：
	人称代词—她、它、他、他们、我们等
	—这个、这些、那个、那些等
	不定代词—每一个、任一个、哪一个都不、任意一个人、某人等
	—我的、他的、她的、它的、他们的等
什么是谓语动词?	谓语动词包括一个动词，描述句子的动作。
什么是动词?	动词：描述动作的词语，形式依人、数和时态的变化而变化。
	识别动词形式的组成部分：
区分动词组成：	人：第一人称（我、我们等）第二人称（你）第三人称（他、她、它、他们等）
	数：单数或复数。
	时态：现在时、过去时、将来时、现在完成时、过去完成时和将来完成时。
	动词分为规则动词和不规则动词。
	规则动词：动词原形加上规则的前后缀
区分规则和不规则形式：	不规则动词：改变单词的整体发音。一些动词需要助词，比如"have"在"have helped"（现在完成时）中，"will"在"will walk"（将来时）中，"had"在"had gone"（过去完成时）中。

小结：简单的句子由主语和谓语动词组成。主语由名词和代词，指人、地、物；谓语动词充当动词部分；代词有四种；不规则动词和规则动词依照人称、数量和时态的变化而变化。

练习4—8	复习课堂笔记

拿出以前的笔记改写成康奈尔形式（在左边的空白处留出空间写笔记、问题、总结等）。将新旧笔记进行对比，看哪个更好，回答下面的问题。

你更喜欢哪个版本的笔记？

_____

你最初的笔记有什么特点？

_____

你最初的笔记有什么不足？

_____

如何改进记笔记的方法？制订计划去执行。

_____

上课情况

按时上课很重要，否则你会错过老师讲的重点知识及考点。你课后要补笔记、补功课，比按时上课要花费双倍的时间。此外不旷课也是对老师的尊重。

课堂礼仪

积极的学习态度不只是按时上课、还要尊重同学和老师（甚至你自己）。

记住下面的话：

- 不要交头接耳，尽量坐在前排，这样能够更好地听课，容易集中注意力。
- 克制上课时发信息的冲动，避免用电子设备发信息聊天。
- 保持手机静音，进教室前养成关机或手机静音的习惯。

如何进行网络学习

　　网络学习是通过互联网进行学习的方式，包括远程教学、视频学习、网上培训。网络教学越来越普遍，我们需要掌握网络学习的方法。认为远程教育、网络课程会比较容易，这是一个误区。事实上，网络学习是有一定难度的，因为需要有较强的自律性和积极主动性才能学好。

　　另一个误解是所有的网上课程都是类似的。事实上，网络课程的形式有很多种。比如，同步和非同步课程，同步课程是使用一些视频聊天软件，学生们可以与老师在规定时间内同时登陆网络"面对面"地交流。非同步课程通过网上公告板、聊天室、留言板上课学习，你可能看不到教授（或许只是一个视频介绍），只是通过信息来交流。有些网络课程要求学生们一周至少签到一次，参加一场现场直播交流会，参加一次网上教室的讨论。此外，网络教室的公告板会发布每周的作业和讨论的问题，考试也在网上进行。

　　网络课程对技术设备有一些要求，比如要有电脑、可以上网、安装相应的软件。

　　远程学习时尽量做到以下几点：

- 要保持积极主动，每天都看看老师和同学发的帖子。
- 保持联系并通过邮件回答问题，积极参与讨论。
- 处理好私事，安排好学习，做好时间管理。
- 有良好的学习环境，准备好相关设备。
- 写作和发帖时注意文件格式。
- 积极参加网上培训。
- 通过邮件上交老师布置的作业要有备份。

练习4—9　　　　　　　远程教育适合你吗？

　　用"是"或"否"来回答下面问题

　　＿＿我很主动并很少拖延。

——我具备较好的打字技巧和阅读方法。

——我通常能按时完成作业。

——我可以上网，并有学习网上课程的技术和软件。

你应该对以上所有问题回答"是"，如果有回答"否"的，那就要制订行动计划使"否"变成"是"。

行动计划

_____

_____

了解你的学校

部门名称 _____

办公室地点 _____

电话号码 _____

邮箱地址 _____

学校应该提供一些信息，明确哪些部门可以指导学生改进学习方法，比如助教、学习技能辅导中心、教学管理中心等。为了方便查找，列出这些信息，并将其放在显著的位置上（比如在冰箱上）。

制订合理的计划

艾莉森（Alison）学习很刻苦，按时上课，认真记笔记，及时完成作业。课外她积极与他人交朋友，有时宿舍楼里有些干扰，但她仍努力将功课做完。可是期中考试大部分课程的成绩不是C就是D，高中时她可以轻松地得到B。她不明白自己很努力了，为什么测验和考试成绩还是不理想。请你结合本章所学，提出建议。

你的建议：

_____

_____

_____

_____

做出成绩

学习目标：

通过本章节的学习，你将掌握以下内容：

- 加德纳多元智力理论
- 描述喜欢的学习风格
- 培养新的学习偏好
- 根据学习偏爱使用有效的学习策略
- 区分记忆的类别
- 有效的记忆方法
- 提升应试技能的策略
- 有效的应试策略
- 积极师生互动的策略

我的学生成功实验站

"我的学生成功实验站"是一个在线解决问题的网站，它可以帮助你不断提高个人能力和职业能力，使你越来越强大且自信。欢迎访问网站：www.mystudentsuccesslab.com。

为什么要学习本章内容？

完成中学教育后，我们开始高一级别的学习，考试越来越难，老师会在较短的时间内讲更多的内容，提出的问题也比中学时更难，而且一些课程的成绩就取决于两三次考试的分数。我们很快会发现自己缺乏应有的学习策略，如记忆技巧、应试技巧、学习风格等。

本章所讲的内容不仅对在校期间的学习有帮助，对你今后的工作也是很有用的。因为虽然毕业了，但学习考试不会结束，仍然需要学习（甚至记忆）新知识新技能。因此，学习和记忆新信息的能力显得尤为重要。

知道了自己的学习风格，就可以学习记忆和应试策略，更好地完成任务。除了学习风格和记忆策略，我们还将学习有效的应试策略，以及让师生积极互动的方法。

学习风格

是否思考过你是如何学习的？每个人都有自己喜欢的学习方式。了解自己的偏好可以帮助我们更好的学习。做练习5—1看看你的学习偏好是什么。

练习5—1 **你的学习风格**

回答以下问题。这些问题只是评估你所偏爱的学习方法，没有对错之分。（注意：如果你是新生，还没有开始繁忙的学习，那么回答以下问题可能有些困难，没有关系，你只要按照自己最可能怎么做来回答就可以。）

1. 我喜欢课堂上
   a. 只是讲就可以
   b. 有可视设备，如PPT等
   c. 实验和其他动手操作的部分

2. 我喜欢和哪种老师学习
   a. 课堂上以讲为主
   b. 课堂上用材料组织教学，会发一些打印出来的资料、写板书及其他可视方法
   c. 课堂上有互动或者分组活动

3. 阅读的时候，我会
   a. 读出声或者有口型的默读
   b. 会用不同颜色将重点标记出来
   c. 感觉无聊或容易焦躁不安

4. 我如何记笔记
   a. 录音便于以后再听
   b. 记录便于以后再看
   c. 坐在班级前面省得分心

5. 对我而言，记忆材料的最好方法是
   a. 多次出声的复述
   b. 反复看
   c. 使用记忆术或动手写一遍

6. 哪种环境下，注意力最集中
   a. 安静
   b. 有秩序的整洁的
   c. 周围很少有活动的

7.复习时，我喜欢

    a.与他人一起讨论

    b.列出提纲或表格

    c.动手操作练习

8.学习新东西时，我需要

    a.听着

    b.看着

    c.动手练习

9.我觉得说明书应该是

    a.有人给我念出来

    b.写出来，最好有图表

    c.可以动手操作

10.课堂上，我喜欢坐在

    a.能听到老师讲课的任何地方都可以

    b.教师前面，可以看清黑板

    c.出口附近便于站起来

评估

三种基本的学习方式：

听觉型：如果以上问题你大部分都选择"a"，你的主要学习风格就是听觉型。**听觉型的学习者**以听的方式更容易接受所学内容。如果需要指路，听觉型的人更喜欢直接告诉他们，口头指路，而不是看地图和写下路线。有时间听觉型学习者喜欢课堂录音。（但要注意，有时候录音会让人不太专心听讲，因为他们认为回去可以再听一遍。）

视觉型：如果大部分选择"b"，你就是**视觉型学习者**。更倾向于通过"看"来学习，喜欢记笔记、划重点。如果你是视觉型学习者，当老师不写板书、不提供可以看到的材料时，就会觉得有些困难。喜欢坐在教室前面便于看清黑板或其他可视材料。

动觉型：如果大部分选择"c"，你就是**动觉型学习者**。换句话说，你更喜欢动手操作的方式来学习，喜欢实验课、小组活动、户外实践性学习。

以上各图表示的是哪种学习风格？

使用自己的学习风格

可能你有一种主要的学习方式，但还需要了解、学习其他的学习风格。因为大多数人会将几种学习方式整合起来使用。正如学习风格有很多种类，教学风格也有很多种类，学生必须要适应所有的教学风格。当你的上级或同事们用不同的方法去工作和学习时，你需要去适应他们的工作学习风格。所以你可以运用本章所学去应对、适应各种有挑战性的学习情境。

学习风格介绍：

听觉型学习者 除了运用视觉材料，你还可以将材料录下来。许多学生录下课堂内容，是因为他们课后可以反复听录音。有些人在课堂上头昏脑涨，不能集中注意力听课，想着可以回去后听录音。但不幸的是回去后可能也不会再听。不过得到老师允许录下讲课内容确实是个好办法。注意：要有选择性地录下讲课内容。最好

只录下你自己想要的、新学的内容。例如，课上讲了一些新词汇，可以录下来，在去学校或是去教室的路上（或是在体育馆的跑步机上）听录音。另外，在小组中学习，和同学们一起讨论也是同样有益的。

视觉型学习者　如果课堂上提供的视觉材料很少，如板书、PPT或挂图，那么你会觉得学起来比较费劲儿、记笔记比较困难，因此你要学习创造性地记笔记，比如采用形象化的图表。此外，还要及时整理当天的课堂笔记，整理笔记的过程中可以帮你巩固学习成果，积累复习资料。

动觉型学习者　如果你偏向于运动及动手操作式的学习，可以将活动融入学习中。学习时可以适当活动，可以将需要活动、动手操作的学习（如写论文、做数学作业、做实验）和阅读交替进行。

记住，也许你有一种（或两种）主要的学习风格，但是也要和其他的学习方式结合起来，成绩好的学生都会这么做。请做练习5—2。

练习5—2　　　　培养一个新的学习偏好

正如运动员要挑战自己的弱项一样，学生也必须如此，以适应不同的学习环境。

在练习5—2中写下你最需要发展的、不擅长的学习风格。

_____

现在，制订计划去加强这种学习风格

行动计划：

_____

_____

_____

_____

团体学习与积极学习方法（引用自埃德·加戴尔：《视听教学法》（第二版），霍尔特·麦克杜格尔出版社1963年版。）

学习方式的平均留存率：

阅读：10%

听讲：20%

看到：30%

视听：50%

讨论：70%

经历：80%

教授给他人：90%

如果学习过程中多种感觉系统参与其中，所学内容就容易被内化。因此，文本插图、绘图、图表、录像都有助于学习。实验室体验和互动游戏也可以提升学习效果。团体学习或相互讨论也是十分有益的。还有一种有效的学习方法就是互相讲解。如果要向他人介绍某个概念，你要首先弄清楚这个概念是什么意思。先学习再教授给他人，这是最好的学习方法。

多元智力

你喜欢用地图，还是用文字说明书去寻找目的地？比起英语和文学，你是不是更喜欢数学和科学？或是正相反？你是否是一个好的倾听者，或者在小组内比较胆怯害羞？对这些问题的回答可以看出你拥有的多元化智力成份。这就是智力的多元化。

哈佛·加德纳（Howard Gardner）教授提出了**多元智力理论**。他认为每个人都有不同类型的智力，只是有些人的智力开发得更好一些。如果相对于英语，你更喜欢数学和科学，那么你拥有较强的逻辑、数学思维。如果你善于沟通，那么你的人际互动智力开发得更好一些。但不要以此为借口说你在某一领域很吃力是因为先天的智力问题。我们听过很多学生这样说，"我缺乏学数学思维"或者"我永远也弄不清化学问题"。面对自己不擅长的科目，我们不是要放弃，而是要更加努力，逐步提升能力。

哈佛·加德纳的多元智力

语言智力。拥有超强语言智力的人具有使用和理解语言的天分。作家、演讲家和律师是典型的拥有较强语言智力的人。

数学逻辑智力。拥有数学逻辑智力的人可以理解系统是如何工作的，并能很好地应用数字。科学家、会计、电脑程序员和数学家就拥有此类型的智力。

音乐智力。拥有音乐智力的人可以相对轻松地辨别出节奏。音乐演奏家/作曲家是拥有此类型智力的最典型人群。

身体运动智力。拥有身体运动智力的人经常通过活动来解决问题或学习。运动员、消防员和表演艺术家是典型代表。

空间智力。拥有空间智力的人可以在头脑中想象并理解三维世界。飞行员、工程师工作中依靠的就是空间智力。

自然认知智力。拥有自然认知智力的人可以理解生物和自然界的特点与差异。农民、林学家和其他在土地上工作的人，或是与动

物打交道的人都有自然认知智力。

自我认知智力。拥有自我认知智力的人有强烈的自我意识。他们非常清楚自己的强项和局限性，并不断努力提升自我。研究人员、哲学家有较强的自我认知智力。

人际智力。拥有人际智力的人能很好地理解别人，具备较强的与人交往能力。教育家、政治家、咨询家、健康顾问和销售者有人际智力。

根据加德纳的观点，学习或教授新概念的时候必须尽可能地使用多元智力。例如，当要学习利率或是贷款知识时，你要阅读材料（语言智力），做数字问题（数学逻辑智力），制作图表（空间智力），写一首歌（音乐智力），分析个人财务状况（自我认知智力），与小组讨论（人际智力），实际应用（身体运动智力）。当然不是一定要运用所有这八种智力去学习一个新概念，但是使用的智力成分越多，对材料的理解就越好。在练习5—3中找出你最强的智力成份。

练习5—3　　　　　　　　试你的智力

选择最能描述你的词语或词组，画"√"，汇总各组的"√"数量。

_____数学倾向
_____喜欢科学课
_____喜欢逻辑题
_____喜欢去思考事物或系统是如何工作的

语言智力　　"√"总数___
_____言语倾向
_____喜欢阅读
_____喜欢写作
_____喜欢文字游戏
_____喜欢学习新词汇

音乐智力　　　"√"总数___
_____音乐倾向
_____与音乐合拍子
_____创造节奏去记忆
_____在脑海中玩音乐
_____别人唱歌或是玩键盘会吸引你

数学逻辑智力　"√"总数___
_____逻辑的

身体运动智力　　"√"总数＿＿

＿＿＿＿运动倾向

＿＿＿＿倾向于动手学习

＿＿＿＿喜欢实验课程

＿＿＿＿喜欢动手做事去学习

＿＿＿＿休息少点也没事儿

空间智力　　　"√"总数＿＿

＿＿＿＿可以绘图测量

＿＿＿＿理解部分如何整合一体

＿＿＿＿理解图表

＿＿＿＿理解原因和结果

＿＿＿＿喜欢指出来"事物是如何运作的"

自然认知智力　　"√"总数＿＿

＿＿＿＿野外方向感好

＿＿＿＿现实的

＿＿＿＿喜欢自然

＿＿＿＿在"真实"背景下学习得很好

＿＿＿＿不喜欢在室内

自我认知智力　　"√"总数＿＿

＿＿＿＿需要隐私

＿＿＿＿强烈的自我意识

＿＿＿＿自省的

＿＿＿＿质疑的

＿＿＿＿有选择性地交友

人际智力　　　　"√"总数＿＿

＿＿＿＿沟通的

＿＿＿＿理解的

＿＿＿＿以人为导向的

＿＿＿＿合作的

＿＿＿＿喜欢与朋友们分享

哪三项智力成分是你比较擅长的？

1.＿＿＿＿＿＿＿＿＿＿＿＿

2.＿＿＿＿＿＿＿＿＿＿＿＿

3.＿＿＿＿＿＿＿＿＿＿＿＿

现在请写出本学期对你最有挑战性的课程：＿＿＿＿＿＿

凭借你最擅长的智力成分，写出可以在课程学习中获得成功的三种方法：

1.＿＿＿＿＿＿＿＿＿＿＿＿

2.＿＿＿＿＿＿＿＿＿＿＿＿

3.＿＿＿＿＿＿＿＿＿＿＿＿

提升记忆力

尽管教育的目的是学会思考，而不仅是记忆，但你得承认记忆力在学习中是很重要的。记忆力被认为是成功的指标之一，因为很多技能考核是在考你是否能记住相关知识。因此，好的记忆力占优势。研究发现，记忆根据存储时间长短分为三种类型。**感觉记忆**是对我们对刚刚发生的所见所闻的瞬时回忆，它只能存在几秒钟或几分钟。如果我们给予加工或关注，**感觉记忆**就可以被存储进短时记忆，**短时记忆**可以停留几天。**长时记忆**可以存储经历和知识达好几天，甚至是好几十年。理想上来说应将所学知识存储于长时记忆，促进长时记忆的关键在于对所学内容的注意力程度和用心程度。这就是为什么讨论和学习小组有助于长时记忆。

记忆的关键是要有一个记忆系统，更重要的是，要让你的学习变得有意义。现在，请先看一遍食物清单，然后将它们分类：

墨西哥卷饼，樱桃，无糖饮料

茄子干酪，法兰克福香肠，葡萄水果

鹰嘴豆泥，冰茶，果酱

猕猴桃，柠檬，肉面包

这个记忆方法叫做分类归并，或分组记忆。

通过练习5—4测试你的记忆力。

练习5—4	记忆力测试

一分钟时间记住下列食物清单，然后根据记忆叙述出来。

肉面包

葡萄水果

墨西哥卷饼

茄子干酪

猕猴桃

法兰克福香肠

果酱

柠檬

无糖饮料

冰茶

鹰嘴豆泥

樱桃

你可以将以上内容全部背诵出来吗？_____

这个清单很长，很难记住。另外，你对这些食物的熟悉程度也影响记忆。如果是经常接触的食物，就会更熟悉，更容易记住。缺乏背景知识或者是关联性，背起来会很难。

分组法

背电话号码一般是将一连串的号码分组去记，通常是在第三和第四个数字处分开，分成两组去背。分组法更容易地记住序列。背下一个很长的序列号码比较难，但记住两个短的数字组合相对容易一些。

在上述食物清单中，可以按照食物的种类来分组，如下：

主菜：墨西哥卷饼，茄子干酪，法兰克福香肠，肉面包

水果：樱桃，葡萄水果，猕猴桃

饮料：无糖饮料，冰茶，柠檬

调料：鹰嘴豆泥，果酱

这样会更好记忆，这个记忆方法叫做分类归纳，或分组记忆。

记忆术

记忆术主要是通过一些节奏、公式等帮助记忆，是一种有效的记忆方法。例如，按顺序背八大星球的名称。在英文中八大行星的名称依次是Mercuny，Venus，Earth，Mars，Jupiter，Saturn，Uranus neptune（水星、金星、地球、火星、木星、土星、天王星、海王星），那么用一句话就可以把这八大行星的名字串起来。

My very educated mother just served us nachos.

句子中每个单词的开头字母正好是八大行星名字的**开头字母**，这样记住这句话也就记住了八大行星的排列顺序。这种记忆术称作"离合诗"：用每个名称的首字母组成一个句子，帮助你记忆词汇、词组和概念。

另一种记忆方法是**首字母缩略词**，类似于离合诗。首字母缩略词是将每个词的首字母组合起来，构成一个新词或是专有名词。如，心肺复苏术中的ABC一词，其中A代表气道，B代表呼吸，C代表循环。记住ABC就记住了心肺复苏的步骤，而步骤中关键词的英文首字母提出来就是ABC，方便记忆。另外可以用单词HOMES来记住几大湖泊的名称（休伦湖Huron，安大略湖Ontario，密歇根湖Michigan，伊利湖Erie，苏必利尔湖Superior），见图5—1，做一个首字母缩略词来帮你记住如果失火了应该怎么做。你还能想到其他的方法吗？

图5—1 关于如何在火灾中逃生的首字母缩略词和形象图（RACEE）

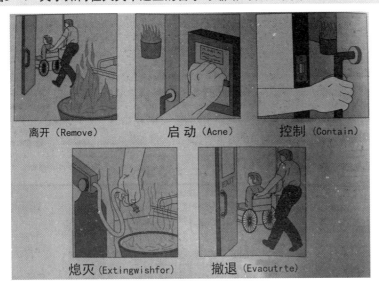

离开（Remove）　启动（Acne）　控制（Contain）

熄灭（Extingwishfor）　撤退（Evacutrte）

你也可以编一些看似荒唐的故事来帮助记忆。实际上，故事越是荒唐，越是容易被记住。试试练习5—5中的记忆方法。

练习5—5　　　　　　　　练习记忆方法

记住下面列举的颜色：白色、绿色、灰色、紫色、黄色、红色、黑色、靛蓝色、橙色。创造一种记忆方法来记住这个清单。至少写下两种记忆方法。

_____

_____

_____

考试

学生最关注的就是考试成绩。使用适合你的应试方法可以提高成绩。我们先在练习5—6中做一个初始评估。

练习5—6　　　自我评估：你是否是一个优秀的考试者？

看以下哪项描述符合你的情况，在前面打"√"：

_____考试前我会做好准备。

_____我至少在考试前4天或5天就开始复习。

_____我运用动手策略，比如根据学习指南预测考试问题并自己回答。

_____参加考试时即使不自信我也能保持平静。

_____考试结束时我并没有匆忙慌乱的感觉。

_____其实我会做，但考试时却没有回答出来，那我不会再参加补考。

_____我有自己的应试方法。

_____对于多项选择和主观题我有自己的策略去应对。

_____对于阅读理解和简答题，我有自己的策略去解题。

_____把考过的试卷当做复习资料。

统计有多少选项打"√"

评价：如果有9或10项打"√"，说明你是个好考生，而且可以适应并不擅长的领域。总数达到7或8项表明你也是个不错的考生，但本章内容肯定会对你有所帮助。总数达到5或6项表明你会从本章学习中获益匪浅。总数是4或更少，则表明你需要努力了。不管分数如何，我们都可以通过学习提高自己的考试技巧。

积极的考试策略

正如有积极的阅读、听讲和学习策略一样，也有积极的考试策略。做练习5—7评价你的考试策略。

练习5—7　　　　你用的是哪种考试策略？

最近哪节课堂上参加过考试？
_____

写出你的复习方法：
_____

在练习5—7中，大多数学生也许会给出如下答案："我复习笔记了"或"我看完要考的内容了"。这些策略只能让你暂时过关。最好使用一些更积极地策略而不仅仅是"复习一下""看一下"。

积极的学习策略是要"写"和"重复"，例如制作问题卡，而不是就"看看"笔记和复习资料。下面的清单列举了一些积极策略：

- 制作问题/解决卡片，错题卡，或者词汇卡（见图5—2）
- 制作自己的学习指南
- 在小组中学习
- 列出章节提纲
- 绘出概念地图（见图5—2）
- 制作与材料相关的图表
- 自己出练习题或模拟考试题

整理复习资料并在考前一周复习，这样比较有把握，可以提高成绩，并减轻压力。运用三个或更多不同的积极策略至少提前一周开始复习。

图5—2　　　　　　　　　　　　词汇卡和概念地图的例子

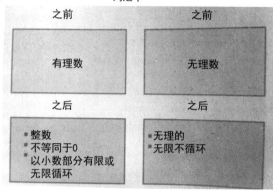

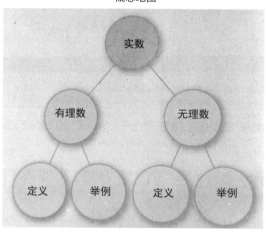

考试前

适当的准备和良好的学习习惯可以在很大程度上减少考试焦虑。但是，不管你考试前准备得是否充分，考试时有些焦虑都是很正常的。

复习是减少考试焦虑的最好办法，至少提前一周开始复习，并且每天都复习，复习要全面。有时候很容易把关注点放在已经掌握的内容上。其实，学习已经掌握的内容也是有必要的，因为过度学习可以减少考试焦虑。但是不能成心不复习那些没掌握好的内容，不要回避那些觉得困难的内容，找老师或同学问一问，寻求帮助。

练习5—8	考试行动计划

在以前的练习中，曾让你回忆最近的一次考试。现在想想以后的考试。写出你即将参加考试的课程名称：

课程名称：_____

如果你知道考试日期，写在这儿：_____

复习时使用哪种策略取决于你自己。例如，有的学生喜欢问题卡，而有的人喜欢列提纲。关键是要用积极的学习策略，而且要运用多种策略。下次复习，尝试着用三种有效的学习策略。把它们写在这儿：

复习策略

1._____

2._____

3._____

复习时要做好时间管理。考试前一周每天都要留出时间复习。如果你是一个全日制学生，你会发现有时是几门考试几乎同时开始，有时是一周都没有考试或是一周有好几场考试。时间管理是关键。做练习5—9来帮助自己。

练习5—9	考试前准备好学习时间表

写出即将要考试的科目名称：_____

你需要用多少天准备这场考试？_____

在空白处，写下你为了考试需要每天完成的任务，包括复习考试资料、重新标出课文中的信息、完成练习测试等。

写出考试的名称和时间＿＿＿＿＿＿＿＿＿

时间： 任务：

＿＿＿＿＿＿＿＿＿ ＿＿＿＿＿＿＿＿＿＿＿＿＿＿＿

＿＿＿＿＿＿＿＿＿ ＿＿＿＿＿＿＿＿＿＿＿＿＿＿＿

＿＿＿＿＿＿＿＿＿ ＿＿＿＿＿＿＿＿＿＿＿＿＿＿＿

＿＿＿＿＿＿＿＿＿ ＿＿＿＿＿＿＿＿＿＿＿＿＿＿＿

＿＿＿＿＿＿＿＿＿ ＿＿＿＿＿＿＿＿＿＿＿＿＿＿＿

回顾一下右边写下的任务是否已经包括所有的考试内容？是否有错过考试中可能会出现的某些知识？是否复习简单概念的同时，给较难的部分留出了足够的复习时间？

考试中

开始考试后还要继续使用策略，可以使用多种策略来提高成绩。这些策略包括时间管理以及理解考试类型。

时间管理。考前提前几分钟到达考场，这样你就不会感到匆忙。全身心投入考试中；保证有足够的时间来完成每一部分。如果你提前做完考卷，用剩下的时间检查。注意：除非你有百分百的把握知道你最初的答案是错误的，否则一般不建议更改答案。经常是学生改了答案后，最后却发现最开始的答案才是正确的。

从哪儿做起。有些人有自己的考试策略。例如，开始时先做简单的，再做难一点的。跳过不会的题要做标记，最后回来再思考难题。最后记得要保持卷面干净。

客观题的做法。做客观题（多项选择题、判断题、连线题）时，先确保你理解了所有选项的含义。通常选择的第一答案就是最好的。对于多选题可以这样做：读完问题后用手或是纸盖住选项。先自己想一下答案，然后选与你想出来的答案最接近的选项。小心句子中的限定词，比如"所有""大多数""一个都没有""从来

没有"，一般这些词都是问题的关键。

主观题如作文、简答题的做法。先看问题，计划好时间，根据问题的分值来分配时间。对简答题直接给出答题要点。写作文前先花几分钟时间构思，如大概列出要写的内容、重点，可以是非正式提纲形式。然后你就可以全神贯注地写作，不用担心会遗漏重要内容。写作时的组织性也是很重要的：将问题作为线索来组织文章。例如，通常的论文题目涉及比较和对比（见练习5—10）。针对这一类型的论文题目，首先是比较（指出概念间的相似之处），然后对比（指出不同之处）。通常考题中包含的关键词如下：

- 解释。证明你的理解。
- 定义。给出一个概念的定义和解释。
- 讨论。考虑论题的可能性观点。
- 总结。给出论题的主要观点。
- 辩论。写出观点及论据。
- 比较。指出相似之处。
- 对比。指出不同之处。
- 运用。指出可用性。

作文考试的其他应对方法：
- 为作文拟个题目，可以帮助你集中观点和缩小作答范围。
- 写之前列出提纲。
- 确定有一个好的开头、支撑观点的中间部分以及有理有力的总结结尾。
- 校对答案中的字词、语法及句子结构等。
- 写作清晰明了！如果写的让阅卷人很难看懂的话，会被扣分的。

练习5—10　　　　　　考试中的作文准备

此练习中，你可以为作文题准备非正式提纲。将你的提纲与同学们的提纲作比较，看是否满足论文的要求。

例子：将当代文学和后现代文学进行对比和比较。

开头

↓

当代文学和后现代文学的相似之处。（比较）

↓

当代文学和后现代文学的不同之处。（对比）

↓

总结观点。

现在根据本章可能会遇到的考试问题，写出你的答题提纲。

1.定义并描述本章所讨论的三种主要的学习风格类型。

_____

2.定义不同类型的记忆，并举出三个或者更多的例子来证明你将如何使用这些不同类型的记忆。

_____

3.对比并比较主观题和客观题的考试策略。

_____

哪些问题需要你考虑不同之处和相似之处？哪些问题需要你回答定义？哪些问题需要你给出具体的例子来证明你的观点？不是每篇论文都可以用相同的结构。要考虑问题的类型。

> **压力和测试**
>
> 考试时有适当的压力是好事，如果考试时太紧张、太焦虑，就要调整一下自己，闭上眼睛，做个深呼吸，想象一下在呼气的同时把压力一起排出体外，这个方法可以让你冷静下来，集中精力去考试。

考试后

考试后，有些学生很急切地去对答案，看是否有错题。有些人不喜欢这么做，不想去面对现实。不管怎么想，很多学生都没有利用好考后策略，其实考试后策略很有用，有助于长期提高成绩。

不管你有没有考好，那些很轻松就答出来的问题和很困难答出来的问题，以及没有做出来的问题都应该给予关注。考试后评价一下你的考试策略。是否花了足够的时间来学习？复习是否全面？是否在哪些方面比别人强（或弱）？

如果你考得很差

老师让你重考一遍时，你要注意那些你已经回答正确以及不会回答的题目类型。如果你觉得某种类型的题目很难，可以去问问老师，老师会教你一些方法和经验。看看你哪部分学得不好。是否错过了某些重要的知识点？是否在某些方面需要更加刻苦地学习？

　　另外，看看你没有答出来的问题是哪种类型。心理学家本杰明·布鲁姆指出考试问题的六种类型。　当考试变得越来越复杂的时候，"布鲁姆分类法"为学生提供了一个有用的架构。阅读完这个方法后，做练习5—11。

　　最后，如果你考得很差，找时间见见老师。和老师一起分析试卷会对你有帮助。很多老师都会利用工作时间辅导学生，但学生却不充分利用这个机会。你关心成绩、关心学习，也会给老师留下好印象。

布鲁姆分类法

知识：主要是需要你识记并记忆的内容，多出现在选择题中。

例如：CPR代表

心肺放松

心肺复苏

心肺互动

领会：与知识相似，指对事物的领会、记忆、甚至解释。

例如：高情商的人

很好地管理他们的情绪

有高智商

被情绪所控制

应用：这类型的问题需要你将所学习知识运用到新情境下，也许是一个假设的情节。

例如：一个学前儿童看见两个有同样水量的杯子。一个杯子又高又细，另一个杯子又矮又宽。她认为又高又细的杯子装的水更多。

分析：分析型问题是指把材料分解成其组成要素。

例如：指出并解释导致美国内战的事件。

综合：综合型问题，以分析为基础，加工已分解的要素，重新整合。

例如：指出现代主义文学的特点，以三个作家的作品为例。

评价：提出有根据的观点，"有根据"是关键。你需要从文章中找到论据支持你的观点。

例如：当你购买一台电脑，相对于个人的技术需求和购买力需要，考虑哪些因素？

考试时要注意问题类型。你也许在考试中全部遇到过这六种类型的问题，尽管有些课程的教授在考试时只喜欢采用一种或两种类型的问题。

练习5—11	运用布鲁姆分类法

看看哪门功课要考试了。根据布鲁姆分类法，就每种类型都写出一个问题。帮你加深理解测验题型。

知识型问题：＿＿＿＿＿＿＿＿＿＿＿＿＿＿＿＿＿＿

领会型问题：＿＿＿＿＿＿＿＿＿＿＿＿＿＿＿＿＿＿

应用型问题：＿＿＿＿＿＿＿＿＿＿＿＿＿＿＿＿＿＿

分析型问题：＿＿＿＿＿＿＿＿＿＿＿＿＿＿＿＿＿＿

综合型问题：＿＿＿＿＿＿＿＿＿＿＿＿＿＿＿＿＿＿

评价型问题：＿＿＿＿＿＿＿＿＿＿＿＿＿＿＿＿＿＿

师生互动

与老师交流沟通是十分重要的。积极的师生互动可以促进学习进程、提高成绩。师生之间可以有多种交流方式（例如：坐在教室的前排积极参与课堂讨论），但需要持之以恒，才能建立一种积极的关系。老师是愿意帮助学生的，但希望学生提问。所以提前准备好问题，尽量在老师上班时间去请教。以下是10个最受欢迎的特质：

1. 积极的态度
2. 积极参加班级活动
3. 愿意学习、努力工作
4. 对自己的行为和学习负责任
5. 创造性地解决问题的能力
6. 积极的参与性
7. 尊重
8. 与他人合作的能力
9. 良好的沟通技能
10. 学习优先

制订合理的计划

玛丽知道她偏好于视觉型学习，音乐智力较强。但是，有一节课全是讲述，没有一张课件，也没有板书。玛丽觉得这节课信息量很大，但却很难获得信息。为了提高玛丽的学习成绩，你有哪些建议？

_____

_____

_____

_____

_____

_____

第六章 创造性思维和决策能力

作出明智的选择

学习目标：

通过本章节学习，你将掌握以下内容：

- 了解情商对思维过程的影响
- 明确批判性思维与创造性思维的区别
- 理解综合性思维过程
- 提升批判性思维与创造性思维水平
- 学会分析收集到的信息
- 学习如何将"问题"转化为"机会"
- 制订行动计划以成为更好的问题解决者和决策制定者

我的学生成功实验站

"我的学生成功实验站"是一个在线解决问题的网站，它可以帮助你不断提高个人能力和职业能力，使你越来越强大且自信。欢迎访问网站：www.mystudentsuccesslab.com。

为什么要学习本章内容？

我们每天都在思考、都在做决定，这需要分析思维能力。我们经常要在新情景下提出新的想法，这就需要创造性思维能力。不言而喻，思维是我们日常生活，特别是在校学习必备的工具，但我们却很少关心自己是如何思考的。试问："我想过自己是如何思考的吗？"有些人只有出现问题了才会思考，是被动的思考者。有些人会提前思考，避免问题发生。有些人是积极的思考者，富有创造性思维，而有些人却很难有创造性的想法，甚至还有一些人根本提不出想法。

评价并改进思考过程可以提高学习成绩、工作表现。本章将告诉你怎样提高思维能力，包括批判性思维、创造性思维、决策和解决问题。

"我思故我在。"

——笛卡尔

心理学家一直在研究人们是如何思考的。他们创造了一些词组描述人类复杂的心理活动，其中包括思维。思维活动包括分析、推理、概念化、记忆、想象、学习等。

思维有不同类型，包括逻辑思维、推断思维、批判性思维、创造性思维、直接思维、间接思维、前摄思维和后摄思维等。本章的重点在于如何成为一个具备较强思维能力的人。思维能力强的人应具备很强的创造性思维、决策和问题解决能力。这些能力的发展与提升会让你成为一个优秀的学生和一个有价值的专业人员。

综合性思维过程

综合性思维过程是一个自动化的过程，也是一种生活方式。本章我们将深入分析、探讨整个思维过程。

图6—1中，列举了一个简单的综合性思维过程。具体如下：

你的胃在叫唤，觉得肚子里空空的。你可以将这个"积极改变的机会"（第1步）解释为"我很饿，很想大吃一顿"。然后你会提出想法（第2步）问自己想吃什么。看过你的食品储藏室、冰箱，或是饭店的菜单后你开始分析并"做决定"（第3步）。接下来，你将"执行并评价决定"（第4步），做饭或点菜，然后吃掉它。吃完后，你会评价这顿饭及判断饥饿程度，这就是"反馈"（第5步）。评价反馈完成后可以再次返回第1步，比如"我仍然很饿"，或是产生一些新的想法，比如"现在，甜点应该吃什么呢"。这个例子说明，思维过程是在无意识情况下发生的。

我们注意到"环境"（图6—1中的黑体字）并未涉及整个思考过程。"环境"很重要，因为环境影响整个思维过程，是整个思维过程的起点。如果我们没有判断吃东西的环境，在惊涛骇浪的小船上，或者在冬季暴风雪中，或者在紧张的、有压力感的环境中就餐，这顿饭不会吃得舒服，甚至会影响消化。这就是为什么氛围、环境很重要。同样思维环境作用于分析性和创造性思维，影响整个思维过程。

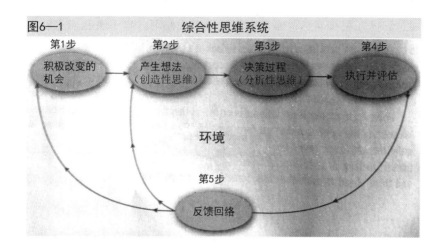

图6—1　　　　　　综合性思维系统

情绪智商和思维过程

　　20世纪90年代，皮特·萨勒维（Peter Salovey）和约翰·梅尔（John D.Mayor）首次提出"情商"（EQ）的概念引起了人们的关注。他们将情绪智力（情商）定义为："能够觉察自己或他人的情绪，并加以区分，以此改变自己想法和行为的能力。"从那之后有很多关于情商的研究都表明情商在很大程度上影响着思维过程、决策过程和解决问题的过程。能够识别、控制和评价情绪，是拥有高水平情商的表现。我们都经历过这样的情况：生气时做的决定也许当时觉得挺好，但事后却很后悔，并会带来很多不好的结果。如果有机会重新决策，可能会先让自己冷静下来再做决定或采取行动。

　　很多情绪都会影响思维过程。行动前先评估内心的思维环境十分重要。研究表明，如果人在工作时压力过大，则需要花4小时才能恢复正常保证工作效率。在学习中亦是如此。

评价环境

　　在开始综合性思维过程前，要先评估自己的内部环境。在消极

智商和情商

我们都知道智力测验，同样也有情绪智商（情商）测验，该测验可以评价我们识别和管理自己情绪的能力。很多成功人士在智商测验中成绩一般或者低于一般水平，但是在情商测验中分数很高，这就表明，对于成功而言情商比智商更重要。实际上，有些拥有高智商的人倾向于将问题复杂化，反而难以作出决策。

环境中思考不会有好结果。幸运的是，我们在压力管理、保持积极心态和内在思维对话等章节已经做过多次练习。接下来我们先看看环境对创造性思维的影响。

综合性思维过程中的难点是创造性思维（图6—1中的第2步提出想法）。很多人在创造性思维活动中会遇到"障碍"，我们需要识别"障碍"，打破"障碍"，从而激发创造性。在练习6—1中，你将会看到这些"障碍"。

创造性思维过程的外在"障碍"

练习6—1　　　　　分析创造性思维的"障碍"

下面是创造性思维活动中会遇到的4个"障碍"，这些障碍是否你也遇到过，如何改进，写出行动计划。

行动计划：＿＿＿＿＿＿＿＿＿
＿＿＿＿＿＿＿＿＿＿＿＿＿＿＿
＿＿＿＿＿＿＿＿＿＿＿＿＿＿＿
＿＿＿＿＿＿＿＿＿＿＿＿＿＿＿

害怕说出想法

＿＿＿＿＿＿你是否害怕说出自己的想法？

如果回答　"是"，需要找出原因。因为每个人对情境、问题有不同的看法，只有能够自由地分享自己的观点想法，才能激发创造性思维。写出你为什么害怕说出自己的想法，以及如何改进。

＿＿＿＿＿＿＿＿＿＿＿＿＿＿＿
＿＿＿＿＿＿＿＿＿＿＿＿＿＿＿
＿＿＿＿＿＿＿＿＿＿＿＿＿＿＿

害怕失去控制

＿＿＿＿＿在一个言论自由的环境中，你是否害怕无法掌控局面？当允许他人自由地发表想法时，你是否会觉得受到威胁，有危机感？

有时候有权威的人会有意或无意地向他人发出这种信号，即不想让别人说出想法，提出观点，希望别人按自己的意愿做事。过度控制对创造性思维是一种阻碍。这种限制会影响员工的积极性，员工不愿意提出新的、更好的解决办法，逐渐地公司就会落伍。如果你害怕无法控制，或是身处限制创造性的环境里，写出你的想法以及如何改进的行动计划。

———————————————
———————————————
———————————————

行动计划：———————————
———————————————
———————————————

不成熟的批判主义

_____你是否曾经听别人说过一些贬损的话，如"那个想法太可笑了"？在别人发表意见后你是否曾发出过一声很重的叹息或是给予眼神上的否定。在创造性思维过程中，不要对别人的想法立即作出好或坏的判断，这很重要。不成熟的批判会压制大家的创造性。简述如何避免对别人作出不成熟的批判。

———————————————
———————————————
———————————————

改变的阻力

_____当有人提出改变时，你是否有过抵抗的想法："一直这么做，为什么要改变？"

改变的过程会让人不安，因为大家已经习惯了目前的状态。但是改变是我们生存所必需的。物种要生存就必须做出改变适应环境的变化。改变是生命的一部分。描述你在抵抗改变方面的想法和行动改进计划。

———————————————
———————————————
———————————————

行动计划：———————————
———————————————
———————————————

最后，回想自己如何管理决策过程中产生的情绪，描述自己的情商水平。例如，你是否会在情绪高涨时盲目做出决定或鲁莽行动？或者，你是否给自己时间冷静、反思，然后再行动？

———————————————
———————————————
———————————————

图6—1中说明了创造性思维过程中的内在障碍，同样外在障碍也会影响创造性思维和分析性思维。例如，你在一个有很多干扰因素的房间里思考或是做决定，比如房间内很吵闹、噪音很大，不断被干扰，这种情况下思考或是做决定都比较困难。

甚至房间的布局也会影响创造性思维。《亚瑟王的传说》中的会议桌之所以是圆的，就是为了让参会的骑士们感觉到所有人都是平等的，能够平等地交流。团体一章在讲述团体创造性和头脑风暴时，也谈到了房间布局甚至房间颜色都是重要的影响因素。

了解了环境在思维过程中的意义，我们开始学习综合性思维过程。

第1步：陈述积极改变的机会

决策过程一般包括解决问题，但不是所有事情都是问题。有时候决策是寻找最佳机会，选择最正确的路径，创造新契机。决策不是"界定问题"，而是"抓住积极改变的机会"。如何看待事情，将会影响事件的结果。将每一个决定看作积极改变的机会是成功的第一步。

第1步很重要，只有第1步打好基础，后面的步骤才会顺利，才会得到好的结果。

等待问题发生、作出反应，解决问题，这个过程使用的是反应性思维。面对棘手问题，紧张情绪会让你难以找到最佳的解决方法，这时反应性思维并不是最好的。而前摄思维则"向前看"，避免问题的发生，提前思考、评估、改善问题情境，从而避免或减少危机的发生。相对于反应思维而言，寻找积极改变的机会也可以提升前摄思维水平。将问题转化为机会，将可能产生的不好结果转化为有利的结局。

下面是大部分同学遇到过的问题。

问题："这学期肯定无法通过考试，我该怎么办？"

这个问题似乎刚开始就结束了，因为问题的陈述表明已经没有机会改变什么了。"肯定"这个词是非常绝对的，用这种方式陈述的问题似乎没有办法解决，这个人迟早会失败，不要抱有希望去改变结果，不用采取任何行动。但如果改变陈述问题的方式就不一样了。

改变陈述方式是产生变化的机会：我要做什么才能在这学期通过考试？

这种陈述方式为采取行动、改变结果提供了机会，会促使你努力想办法（创造性思维），并分析已经做过的事情，从而寻找更好的方法。

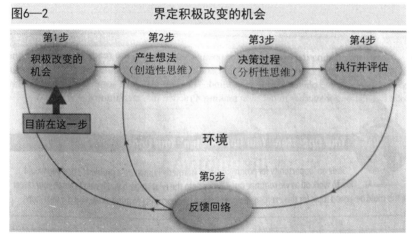

图6—2　　　　　　　界定积极改变的机会

让我们来看看另一个例子。

问题："我很忙，没有更多的时间！"

这个陈述没有告诉我们机会是什么，似乎没有机会得到积极的结果。用这种方式陈述出来的问题看起来无法解决，也会让人感到十分挫败。其实这个问题可以换个方式重新陈述。

换个方式陈述可以带来改变的契机：我可以采取哪些行动提升时间管理水平，让自己有更多可支配的时间，从而提高学习成绩？

这种陈述方式让我们看到机会和希望，才会有信心去努力，才会采取行动。现在做练习6—2。

练习6—2　　　　　　　　将问题陈述为机会

陈述如下：

问题1："他不听我的话！"

陈述：＿＿＿＿＿＿＿＿＿＿＿＿＿＿＿＿＿＿

＿＿＿＿＿＿＿＿＿＿＿＿＿＿＿＿＿＿＿＿

＿＿＿＿＿＿＿＿＿＿＿＿＿＿＿＿＿＿＿＿

问题2：为什么觉得如此累，缺乏能量？

陈述：＿＿＿＿＿＿＿＿＿＿＿＿＿＿＿＿＿＿

＿＿＿＿＿＿＿＿＿＿＿＿＿＿＿＿＿＿＿＿

＿＿＿＿＿＿＿＿＿＿＿＿＿＿＿＿＿＿＿＿

问题3：我害怕数学，而且它影响了其他课程。

陈述：＿＿＿＿＿＿＿＿＿＿＿＿＿＿＿＿＿＿

＿＿＿＿＿＿＿＿＿＿＿＿＿＿＿＿＿＿＿＿

＿＿＿＿＿＿＿＿＿＿＿＿＿＿＿＿＿＿＿＿

问题4：我为什么不能执行学习计划？

陈述：＿＿＿＿＿＿＿＿＿＿＿＿＿＿＿＿＿＿

＿＿＿＿＿＿＿＿＿＿＿＿＿＿＿＿＿＿＿＿

＿＿＿＿＿＿＿＿＿＿＿＿＿＿＿＿＿＿＿＿

问题5：我不清楚哪种职业是适合我的？

陈述：＿＿＿＿＿＿＿＿＿＿＿＿＿＿＿＿＿＿

＿＿＿＿＿＿＿＿＿＿＿＿＿＿＿＿＿＿＿＿

＿＿＿＿＿＿＿＿＿＿＿＿＿＿＿＿＿＿＿＿

花些时间想想如何更好地陈述问题。将问题陈述为机会，试着去解决，是迈向成功的第一步。做练习6—3。

练习6—3　　　　　　　　你的机会

自己选择一个"问题"，将其陈述为"机会"。记录下来，学习下一步的时候会用到。

_____

_____

_____

第2步：提出关于"机会"的想法

第2步需要运用创造性思维，就"机会"产生很多想法（见图6—3）。注重想法的数量而非质量，不成熟的批判是创造性思维的阻碍，因此不要对想法作出任何评价。尽管有的想法看起无法理解，但在这一步也要鼓励，也许和其他想法结合起来就是一个不错的解决问题的办法。

前文解决饥饿的例子中，当你进入食品储藏室或是看到菜单时，你会怎么做？这一阶段就是尽可能想出各种办法，提出的想法、办法越多越好，甚至考虑几个想法、办法结合起来。

创造性思维的背景信息

你可能认为自己的创造性思维不强，但实际上我们都是富有创造性的，并且可以提高我们的创造性水平。饥饿时，你会想到很多种食物，或是想到怎样做菜或点菜，此时你就是有创造性的。很多人认为创造性只属于艺术家，只有那些与众不同、有所突破的想法才是创造性的表现，其实正是这种观念限制了创造性的发挥。如果把创造性思维定义为"可以提高效率和发挥影响的想法"，那么创造性与所有人都有关。工人想出更好的方法工作，父母帮助孩子学习一项新技能解决问题，或者是为了避免堵车而发现更好的行车路线，这些都是有创造性的体现。其实，我们每天都在运用创造性思维，只是我们没有意识到而已。

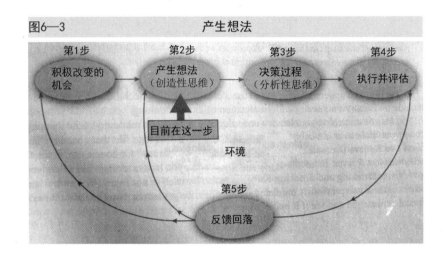

图6—3　　　　　　　产生想法

提升创造性还可以增强自信心、提高动机水平。创造性也有助于提高学习成绩、提升职业发展水平。能够自由地提出想法可以增强个人的归属感，而归属感对于提升员工的斗志和成绩是十分重要的。最后，创造性还可以激发热情，让人愿意付出努力获得成功。

关于大脑结构的研究表明，大脑的左半球偏重分析，右半球偏重直觉和创造性。因此，有些科学家认为有创造性的人多为右脑优势者，而偏重逻辑或分析思维的人主要受左脑控制。这种解释相对于实际情况太过简单了。实验室研究用正电子发射技术（定位测量大脑活动的装置）监测个体在创造性任务中的表现，结果发现脑电活动在左右半球中都会出现。这说明进行创造性活动时，大脑左右半球会发生某种联系。因此，大脑左右半球的交叉连接对于提高创造性思维十分重要。有很多提升创造性的方法，下面将简要介绍。

创造性思维理论

思想家爱德华·德·波诺（Edward de Bono）做过大量关于创造性思维过程的研究。相对于批判性思维和创造性思维而言，爱德华·德·波诺创造了两个词——垂直思考和水平思考。

垂直思考建立在逻辑的基础上，是在过去经验的基础上作出假设并根据逻辑思维进行推理，每个想法都要与下一个想法有关。

　　水平思考是通过不设定范围的联想而创造新想法的思维方式。水平思考使用了头脑中储存的信息，并将之前没有关联的事物联系起来。有人认为"水平思考"这种将想法相互关联的思维方式与一步接一步的"垂直思考"截然不同。

　　爱德华·德·波诺在《水平思考》一书中是这样定义水平思考的：打破习惯性思维方式，冲破常规，将之前没有关联的信息联系起来。

　　为了简明易懂见图6—4。

　　你也许不明白这幅图与水平思考有什么关系？我们用类比的方式解释一下：把大脑想象成一个文件柜，里面有一个文件记录了"恐龙灭绝的理由"；另一个文件记录的是"过度饮酒与吸烟等于自杀"。两个文件记录的内容没有什么关系。但是，当我们把这两个文件联系在一起就会觉得很好玩。

图6—4　　　　　　　　恐龙灭绝的替代理论

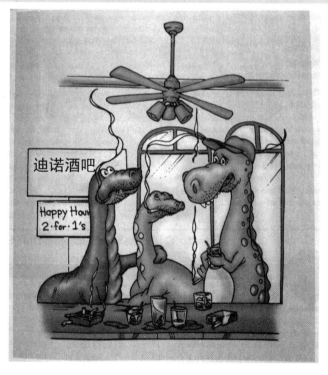

我们刚用类比的方式解释了水平思考。我们在大脑中将恐龙和吸烟联系在一起，以一种幽默的方式解释了这个问题。

　　将之前没有关联的信息横向连接在一起，这就是水平思考。当两三个人坐下来讨论问题时（头脑风暴），横向联系让我们从一个想法联系到另一个想法上。当你独自思考时，思维会在大脑左右两半球间来回"激荡"（如正电子发射测试一样），将各种想法连接起来。

创造性思维技巧

　　将所想与所见进行联系。促使水平思考的方法就是将其形象化。例如，论文的主题是描述积极改变的机会。现在，写下所有围绕"积极改变的机会"的关键词和想法，将其联系在一起。费些时间仔细琢磨图6—5，看看是否能发现新的关系、模式或想法。想法越多，越可能得出成功的解决办法。做练习6—4。

图6—5　　　　　以求职为主题，产生"形象化"的联系

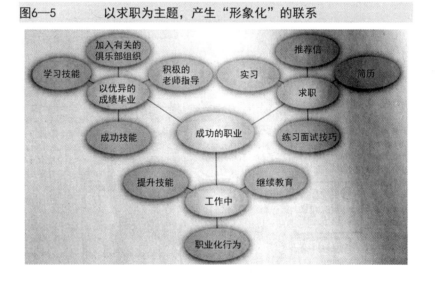

练习6—4 **写出你的机会**

根据在练习6—3中写出的"积极改变的机会",绘制一份"形象化"的关系图,至少要建立五种联系。

头脑风暴 头脑风暴可以提升创造性。一般的做法是,一组人聚集到一起就某个问题提出解决办法。我们会在团队建设章节深入讲解这个方法。头脑风暴时可以调整或放慢思路,集中精力选择有哪些机会。产生想法后不带任何评价地写下来,也可以与信任的人一起讨论,利用他人的不同经历、知识和想法来提高创造性。

激发创造性思维的规则如下,尽管前文已经提过,但因其重要性需要再次强调。

• **规则1**:抑制不成熟的批判。不要轻易对自己说:"这个想法太蠢了,不要说出来。"不成熟的批判会扼杀创造性。要接纳任何想法,不管这些想法有多么牵强。记住,此时不需要想出最好的解决办法,而是要尽可能列出所有的想法并分析,下一步再做评价。你可以在此阶段把想法、观点组合起来。

- 规则2：想法的数量远比质量重要。想法越多，好的想法就会越多。数学上有对错之分，但在创造性思维中没有"正确"或"错误"的想法。

- 规则3：不要分散注意力。创造性思考所需要的环境是自由的、无干扰的。噪音、昏暗的灯光、吱吱作响的椅子、电话声等都会导致注意力分散。

促进个人创造性的其他途径

让潜意识发挥作用。调整注意力、沉淀思绪有助于发挥创造性。有时暂时将问题放下，让它在潜意识中酝酿一下。我们经常遇到：问题的答案突然出现在脑海中，不知道从哪儿冒出来的。这种情况这被称作为"孵化阶段"。普林斯顿大学创造力研究协会前主席尤金·劳德斯普（Eugene Raddsepp）说："有时候，有意识地去寻找问题的解决方法会失败，而无意识的过程却能成功。"

你最好的"孵化阶段"是什么时候？要能够识别并利用创造力最佳的时期。艾尔伯特·爱因斯坦，有史以来最伟大的思想家之一，他的"孵化阶段"（潜意识阶段）是在早上专注地刮胡子的时候。他曾说过："我为什么会在刮胡子的时候产生一些新的想法？"有些人是在晚上创造性更强，有些人在特定的房间或环境里创造性更强。请做练习6—5。

练习6—5	产生想法

根据练习6—3写出的"积极改变的机会" 和练习6—4绘制出的"形象化"关系图，使用我们讨论过的方法，提出至少10个想法。

_____

_____

_____

_____

类比

类比是将两个无关联的事物之间联系起来，可以避免漏掉一些观点、想法。许多发明就是类比的结果。尼龙搭扣的发明就是因为发明者在森林中走路时裤子上挂了一串"黏性的毛边"，通过分析这些毛边，他发明了尼龙搭扣。寻找特殊解决办法时，运用类比方法是十分有趣的也是富有创造性的。

类比也是一个强有力的学习工具。例如，在学习身体是如何调节温度时，根据家里自动调温器和加热器/制冷器进行类比，就更容易理解"热调节"的技术过程。

第3步 决策或分析思维

第3步需要用逻辑思维或分析性思维评价每个想法，考虑每个想法的优点和不足从而选出最好的。见图6—6。

批判性思维

对批判性思维的界定观点众多。罗伯特·埃尼斯（Robert Ennis）在《批判性思维》一书中提出："批判性是一个过程，是对相信什么、做什么进行合理判断。"黛安·罗曼（Diane Romain）在《思考问题：用你接受的批判性思维来决策》一书中写道："批判性思维是决策过程中不可缺少的心理活动。批判性思维过程包括意识到情绪并对情绪作出反应，对信息及信息的提供者做出评估，分析、阐述、评价问题。"

所有批判性思维的定义都涉及了思考能力，如提供假设的能力、检验各种办法的能力。批判性思维能力可以通过练习得到提高。

批判性思维与分析性思维有直接关系，是建立在逻辑思维基础上的。我们每天都会使用逻辑，评价、判断或决策时都必须使用逻辑思维。那么什么是逻辑？逻辑就是在规定情境下进行推理。如果你很冷，你会想办法让自己暖和。你的逻辑会告诉你穿外套，到室内去，生火或是打开空调，你会根据既定情景和既有经验选择最好的办法。如果你不知道空调是什么就不会选择它。逻辑思维一部分建立在过去经验和知识的基础上，另一部分建立在演绎和归纳推理能力的基础上。

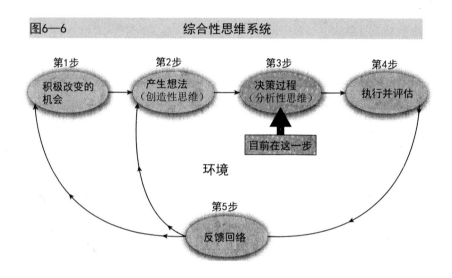

图6—6　　　　　　　　综合性思维系统

演绎推理是在前提基础上得出结论的逻辑思维方式。例如：

前提：有良好学习技能的学生才能提高成绩。

前提：玛丽努力提高学习技能，并充分利用学习资源。

结论：玛丽的成绩将会提高。

这个例子用演绎推理可以得到结论。只要前提是正确的，演绎推理得出的结论一般都是正确的。

根据上述推理，玛丽真的采取了行动从而避免了考试不及格。正如前文提到，这就是前摄思维，避免让自己处于危急状况。相反，很多人等到问题发生后才会想办法应对，这被称为反应性思维。你认为哪种更好？

逻辑思维的另一种是**归纳推理**，就是根据前提或事实去推测。

归纳推理得出的结论可能是正确的也可能是错误的。例如：

前提： 吸烟的人有很高的患肺癌风险。

前提： 比尔连续二十年每天都抽两包烟。

结论： 比尔会得肺癌。

尽管比尔比不抽烟的人患癌风险更高，很有可能得肺癌，但"比尔会得肺癌"结论不一定是正确的，他也许不会患肺癌。当然比尔最好还是戒烟（前摄思维），降低患癌的可能性。

做决策

那么现在要如何做决策呢？第一，重新看一遍列出的想法、观点，从过去经验或其他能帮助你做选择的人那里收集信息。记住要尽可能多地搜集信息，包括从那些不认同你目前想法的人那里搜集。然后用逻辑思维进行分析。

可以将每个想法的优势与劣势都列出来并加入时间因素激发前摄思维。很多时候，人们发现第一个好的解决办法就会马上接受、采纳，但从长远看这种方法未必是最好的。例如，在短期内提高员工满意度的办法就是全面加薪，这肯定能立竿见影，提高员工的工作积极性。但由于加薪，公司可能会破产或迫于经济压力不得不裁掉一些员工。从长远来看加薪是有负面影响的。在练习6—6中分析想法的积极影响和消极影响。

练习6—6	选择最佳想法

在练习6—5中选择最有可能成功的想法，并想象如果这些想法、观点付诸实际行动，会有什么样的影响，短期的和长期的、正面的和负面的影响。

选择的想法：

_____

_____

短期正面影响：

_____

_____

短期负面影响：

_____

_____

长期正面影响：

_____

_____

长期负面影响：

_____

_____

注意：你选择的想法也许没有以上提到的任何一方面影响。

小心偏见

收集信息和做决策时要小心偏见。偏见就是对某事、某人、某组织的偏爱和反感，带有不公平的看法。偏见与做决策有什么关系呢？因为存在偏见，所以我们会有选择地收集信息，仅从那些与自己观点一致的人那里听取建议、收集资料。用支持自己的信息验证假设，这是在"确认偏见"。当然，并不是说收集了所有的、全面的观点作出决策就一定是不带偏见的。

第4步：实施或评价策略

似乎花了很长时间才走到实施这一步，其实前面所有的步骤都是自动化加工的过程，很快可以完成，当然也取决于你想到的办法有多少。如果"积极改变的机会"是选择一顿饭，那这个过程只需要花费几分钟就可以。如果是要作出人生的重大改变，比如选择要读的专业或学校，就要多花些时间了。见图6—7。

将想法付诸行动，需要问自己一些问题：实施时应该考虑什么因素？需要和别人沟通一下这个想法吗？还有一个最重要的问题：用什么方式评估你所选择的办法？这不仅有助于记录整个进程，还可以帮助你调整计划。做练习6—7。

图6—7 　　　　　　　　　　完善和评价

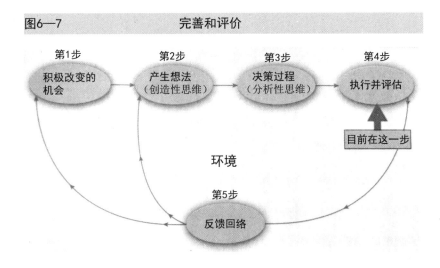

练习6—7 　　　　　　　　实施和评价你的想法

根据你在练习6—6中选择的想法，回答以下问题。

_____你选择的想法是否能产生预期的效果？

我应该和谁沟通，怎么沟通，何时实施？

_____

_____

哪些资源能帮助我实施和评价这些想法？

_____

_____

何时评估实施的进程？怎么评估？

_____

_____

什么时候实施我的想法？

_____

_____

最后一步：反馈

注意，图6—8中的反馈环路可以产生新的机会或更多的想法。开始实施后可能出现机会让你重新返回到第1步。

另一种情况是：开始实施并得到反馈，也许你要调整计划。这就会让你返回到第2步，需要提出更多的观点想法。这样就形成一个持续评估和改进计划的环路，直到完全解决问题。尽量多方面寻求反馈，以确定你的想法是否有积极的影响。获得的反馈越多，评价和改变的能力越强。

做决策需要五个步骤，虽然看起来比较多，但只要通过练习熟练掌握整个做决策的过程，就可以不费力气地完成。

最终想法

做决策的整个过程可以帮助你理解、改进自己的思维过程。对于小问题来说，这个过程很容易。但是对于工作、生活中的一些重要问题，就要认真分析各个步骤，发挥其最大作用，你会从中受益良多！

练习6—8中，仔细考虑改变个人生活和职业的机会。

练习6—8	总结练习

列出一个你想在生活中做出积极改变的机会。

_____

_____

列出一个你想在职业/专业中做出积极改变的机会。

_____

_____

制订合理的计划

杰罗姆是一个高二学生，他不确定应该报考哪所高校，有些不知所措。他参加了测试，想看看与自己技能、兴趣相符合的学校、专业有哪些。但测试结果显示他可选择的仍然比较多。杰罗姆很焦虑，向你征求意见，你会怎样帮助他？

_____

_____

_____

_____

_____

_____

向别人展示你自己 7

学习目标：

通过本章节学习，你能够掌握以下内容：

- 了解并提高沟通技能
- 成为一个好的倾听者
- 提升言语和非言语表达能力
- 了解信息素养能力
- 互联网资源搜索
- 提高写作能力
- 掌握获得并引用信息资源的策略
- 工作中使用书面语和口语沟通
- 发展有效的会议沟通技能
- 展示职场形象
- 提升职场礼仪水平

我的学生成功实验站

"我的学生成功实验站"是一个在线解决问题的网站，它可以帮助你不断提高个人能力和职业能力，使你越来越强大且自信。欢迎访问网站：www.mystudentsuccesslab.com。

- - - - - - - - **我们为什么要学习沟通技能？** - - - - - - - -

压力管理、积极心态与目标、时间管理、学习策略和创造性思维/制订决策等章节主要关注个人内在的、内心的自我沟通，帮助我们更好地认识自己。现在，我们由内而外，通过制订行动计划来提高与他人的沟通技能。

沟通和本书中讨论的其他技能一样，它是可以提高的。你是否曾意识到，你与别人聊天或沟通交流时，会迷失其中或处于游离状态？你是否看到过完全理解不了的文字或因为理解错误而作出了错误的反馈？缺乏沟通会给我们的生活和工作带来或大或小的问题。

如果你想成功，良好的沟通技能是一个关键因素。

导言

实践沟通之前，我们先要学习基本概念。人们对于沟通的研究已经比较深入了（但还将继续研究下去），图7—1描述了一个简单的沟通模型。

沟通模型

正如你从图7—1中看到的，工作中的沟通，必须是传输者将信息传输给接收者，接收者再将信息反馈。任何情况下，信息和反馈都会在传递过程中被过滤。

举个例子，教师在课堂上将知识传输给学生们。信息传输的方式很多，包括以讲座、录像、演示和幻灯片呈现。信息传递过程中，会被教室中的噪音等过滤一下。反馈的形式可以是学生课堂讨论或考试。在理想情境中，教师将信息传输给学生，信息没有被过滤掉什么，而学生也以考试的高分数给予反馈。做练习7—1帮助你理解沟通模型。

沟通模型

表面上，沟通看起来很复杂。但当你学完本章、做完练习，就可以了解沟通的定义和原则。

图7—1　　　　　　　　　　沟通的模型

练习7—1　　　　　　　　　理解上述模型

按下列所述举例说明：

描述一个你是信息传输者的情景。——————————

————————————————————————————————

————————————————————————————————

谁是信息接收者?————————————————————————

会涉及哪些过滤器?————————————————————————

你接收到了哪种类型的反馈?——————————————————

你怎样改进这次沟通?————————————————————

可以将沟通大致分为三类，即**言语沟通**、**非言语沟通**和**书面沟通**。言语沟通包括发出声音的所有沟通形式，如对话、讲座、唱歌、讲故事、动物语言等。非言语沟通是无声的沟通，如握手、微笑、眨眼、或是人们在厌恶时翻白眼。非言语沟通是很有用的，而我们经常低估其作用。第三种就是书面沟通，这包括一切视觉领域的沟通，可以是文本信息、书信、备忘录、报告、电子邮件、表格、图片等。我们将分别学习这三种沟通方式，并举例说明。练习7—2中将会区分三种沟通形式。

言语沟通和非言语沟通间的联系

研究表明，尽管语言在沟通中很重要，但我们在与他人交流时更多地依靠非言语沟通（见图7—2）。因此，可以推论出，如何说比说什么更重要，这看起来很不可思议，本章将对这个问题做进一步的解释说明。看图7—3，非言语沟通的解释效用。

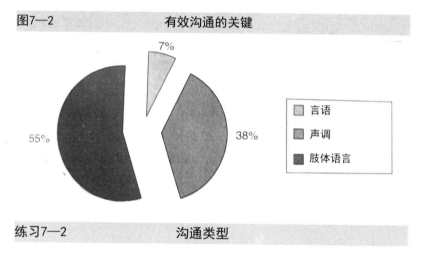

图7—2　　　　　　　　有效沟通的关键

7%

55%

38%

言语
声调
肢体语言

练习7—2　　　　　　　　沟通类型

下列例子分别是哪种沟通形式（V代表言语沟通，N代表非言语沟通，W代表书面沟通）。对某些例子来说可能不止有一个答案。

____带领啦啦队　　　　　____咕哝着说

____看一眼　　　　　　　____任务清单

____广告　　　　　　　　____短信

____大笑　　　　　　　　____教学

____深深地叹气　　　　　____工作面试

____狗咆哮狂吠　　　　　____音乐听众

____一封信　　　　　　　____测验

____演讲

练习7—3   肢体语言

　　找个伙伴一起试着不用语言沟通来传达感受。看你是否能准确
地猜出对方的非语言信息。
　　你的搭档传递了哪两种非语言信息。
　　非言语沟通1＿＿＿＿＿＿＿＿＿＿＿＿＿＿＿＿＿＿＿＿＿
　　非言语沟通2＿＿＿＿＿＿＿＿＿＿＿＿＿＿＿＿＿＿＿＿＿
　　你是否能准确地辨别出非语言信息？
　　＿＿＿＿＿＿＿＿＿＿＿＿＿＿＿＿＿＿＿＿＿＿＿＿＿＿＿

　　练习中用非语言信息来沟通是否容易？现在我们将沟通原理运
用到实际行动中去。先来看看言语沟通和非言语沟通是如何相互影
响的？

非正式沟通

　　我们从大家经常会遇到的情况开始说起：与某人第一次见面。
非语言姿态很重要，从说话的声调到说的每个词。积极的方法包括
友好的微笑、眼神交流和正式的握手（见图7—3）。

图7—3   谁留下的第一印象更好？

你的声调应是积极的、友好的。你的语言应该是清晰的，而且你想让别人怎么称呼你，就怎么介绍自己。第一次见面基本确定了未来关系的基调，所以这是很重要的。最好的方法就多练习。做练习7—4。

练习7—4　你永远没有第二次机会给他人留下良好的第一印象

找个伙伴一起练习第一次见面。一直练习到你的搭档觉得你已经做到了以下所有方面：

＿＿＿＿＿＿友好的微笑

＿＿＿＿＿＿眼神交流

＿＿＿＿＿＿友好地握手

＿＿＿＿＿＿积极的、清楚的声音

＿＿＿＿＿＿得体的自我介绍

为了加深印象，下面再做一遍自我介绍，但需根据下列要求有所改变，并描述你的感受。

情节1：没有眼神交流

描述下这让你感觉如何？

＿＿＿＿＿＿＿＿＿＿＿＿＿＿＿＿＿＿＿＿＿＿＿＿

＿＿＿＿＿＿＿＿＿＿＿＿＿＿＿＿＿＿＿＿＿＿＿＿

情节2：没有微笑

描述下这让你感觉如何？

＿＿＿＿＿＿＿＿＿＿＿＿＿＿＿＿＿＿＿＿＿＿＿＿

＿＿＿＿＿＿＿＿＿＿＿＿＿＿＿＿＿＿＿＿＿＿＿＿

情节3：敷衍地握一下手

描述下这让你感觉如何？

＿＿＿＿＿＿＿＿＿＿＿＿＿＿＿＿＿＿＿＿＿＿＿＿

＿＿＿＿＿＿＿＿＿＿＿＿＿＿＿＿＿＿＿＿＿＿＿＿

友情提示："人们喜欢别人真诚地夸赞他们好的方面。"你会在微妙的肢体反应（眼神交流、微笑、或更放松的姿势）上看到反馈。对方也会给予回应。当第一次遇见某人时，可以复述对方的名字加深记忆，以备未来再见面时方便称呼对方。

倾听：经常被遗忘的沟通技能

倾听是经常被忽视的沟通技能，我们更关注接下来自己要说什么或是做什么而没有真正地倾听别人，这是听见和倾听的区别。耳朵可以加工声波，大脑可以对听到的声音作出解读，但是倾听不仅仅是听见。例如，你是否曾在课堂上或是谈话中，虽然能听见别人在说话，但却不知道他到底在讲什么？这说明你是在听，但不是倾听。

倾听看起来是一个被动的过程，但其实是主动的。主动倾听应该关注说话者说了什么及其感受。以下是主动倾听的关键点：

- 面对说话的人保持眼神交流
- 保持开放的姿态，并轻微地向说话者方向倾斜，以此表示你对其所说内容感兴趣
- 放轻松、自信
- 就对方所说内容提一些需要澄清的问题。甚至用自己的语言来复述对方所讲，以此表明你理解了对方的话
- 不要打断谈话

主动倾听是维护交往和谐的处方：

- 表明你对他人（说话者）的关心
- 促进信息更好的交流
- 促进关系
- 促进更好的理解和合作
- 让人在激昂的、紧张的情境中冷静下来

如果你能很好地倾听别人说话和理解其肢体语言，你可以传递出这样的信息：我已经理解了你所说的，你已经将信息传递给我了。你认真倾听，对方也会愿意倾听你。戴尔·卡耐基，一位作家

和富有激情的演说者，明确提出倾听在交往中的重要作用。他曾经说过："你在两个月内因真正对他人感兴趣而交往到的朋友，要比在两年内通过让他人对你感兴趣而交往到的朋友会更多。"

从另一个角度来思考：你可以做什么让别人愿意倾听你说话？说话时发音清楚、保持良好的姿态（让你呼吸自然、更舒服的姿势）很重要。如果你没精打采或者你的声音很微弱，那表明你所说的并不重要，这样会赶跑倾听者。开放的姿态（不要交叉手臂）表明想要倾听的愿望，眼神交流表明对他人所说的话很关注，点头表示很感兴趣。做练习7—5，练习主动倾听的原则。

练习7—5	主动倾听

两人一组或几个人一组，练习主动倾听。做一个不主动倾听的情景对话。可以是讨论一门课程的问题或是工作中出现的小插曲。在情景对话中找一找，看同学们是否能找出那些做的"不对的地方"，然后再做类似的对话，这次要做到正确的主动倾听。

情景对话1中的错误之处：＿＿＿＿＿＿＿＿＿＿＿＿＿＿＿

＿＿＿＿＿＿＿＿＿＿＿＿＿＿＿＿＿＿＿＿＿＿＿＿＿＿＿＿

情景对话2中的错误之处：＿＿＿＿＿＿＿＿＿＿＿＿＿＿＿

＿＿＿＿＿＿＿＿＿＿＿＿＿＿＿＿＿＿＿＿＿＿＿＿＿＿＿＿

演讲和陈述

看看演讲中的沟通技巧。演讲需要训练和经验，但是掌握基本的沟通原则可以提高演讲水平。

演讲的种类

演讲有不同种类。你可以做**信息型演讲**，向某个人或一群人解释某样东西。如教授一门课，开设一个工作坊，或说明一项技术，如心肺复苏术（CPR）。**说明型演讲**试图用演讲主题说服或影响听众，如政治家的演讲或销售员的推销。共鸣型演讲意味着唤起或产生某种感觉。**共鸣型演讲**可以让人产生兴趣或激励某个人、纪念某件事，如布道、晚宴的答谢词或喜剧、小品。大多数喜剧演员的表演实际上都是排练好的，但看起来像是即兴的。**即兴演讲**不是排练好的，而是即兴发挥的。如老师要求你在课堂上现场做关于世界经济的演讲，这就是即兴演讲。

有些演讲不止归入一个种类。例如，一个政治性演讲可能主要是劝说性的（投票给我），但也可能是在讨论事情（信息型演讲），并在人群中唤起某些情感（共鸣性演讲）。

如何准备课程中必须完成的演讲？记住演讲或正式的言语沟通中的步骤和原则，在接下来要讲的正式书面沟通中是很重要的。

演讲前的准备

首先，选择并分析演讲主题、目的和类型、确定演讲听众。背景是什么？最吸引听众的是什么？有没有一些特殊的因素要考虑，比如给学前儿童做演讲，那就需要使用一些特殊的策略来吸引他们的注意力。做练习7—6，练习演讲前的准备。

练习7—6	演讲前准备

回答下列问题：

你选择的演讲主题是什么？＿＿＿＿＿＿＿＿＿＿＿＿＿＿＿

你的演讲属于哪种类型？＿＿＿＿＿＿＿＿＿＿＿＿＿＿＿＿

（注意：可以属于不止一种类型。）＿＿＿＿＿＿＿＿＿＿＿＿

听众是谁？＿＿＿＿＿＿＿＿＿＿＿＿＿＿＿＿＿＿＿＿＿＿＿

对于听众，有没有哪些需要特别考虑的？＿＿＿＿＿＿＿＿＿

从哪里收集演讲素材？如何收集？＿＿＿＿＿＿＿＿＿＿＿＿

＿＿＿＿＿＿＿＿＿＿＿＿＿＿＿＿＿＿＿＿＿＿＿＿＿＿＿＿

＿＿＿＿＿＿＿＿＿＿＿＿＿＿＿＿＿＿＿＿＿＿＿＿＿＿＿＿

你会利用哪种资源？＿＿＿＿＿＿＿＿＿＿＿＿＿＿＿＿＿＿＿

＿＿＿＿＿＿＿＿＿＿＿＿＿＿＿＿＿＿＿＿＿＿＿＿＿＿＿＿

　　下一步，你需要在图书馆、期刊索引、搜索引擎和数据库中研究一下演讲主题，甚至可以进行个人采访。引用各种信息资源可以增加演讲者的可信度。

演讲组成

　　其实，好的演讲或好的论文有三个部分——**导言、主体**和**结论**。

　　导言　导言主要是陈述目的、吸引听众的注意力，让听众感兴趣。这为接下来一切事情奠定了基础。导言要简短有力。可以在导言中设问（不需要听众回答，只是引发思考）。

　　例如，"你认为吸烟仅是杀死吸烟者吗？"这是一个关于被动吸烟危害的开放性话题。你可以用数据说话，例如，讨论乳腺癌时可以这么开始，"如果不是早期发现，那么5个女人中就会有1个死于乳腺癌。这意味着这房间里20个人中会有4个人，谁会是受害者呢？如果按照我下面介绍的做法去做，将没有人死于乳腺癌。"

导言可以是个人故事或笑话，但要谨慎使用，因为笑话可能会冒犯别人；也可以用实验结论或者公理作为导言，只要是基于演讲主题的就可以。导言要排练好，而且演讲者要和听众有直接的眼神交流才能留下好的第一印象。在练习7—7中，将通过头脑风暴法做一个导言。

练习7—7   **提出导言**

两人或以小组为单位，通过头脑风暴法，按照练习7—6中选择的演讲主题写出吸引人的导言。

_____

_____

_____

排练一下，并回答下列问题。

它能否吸引听众的注意力？ _____

演讲的目的是否表达清楚？ _____

_____

现在听众正在听你的演讲，而你需要用组织好的事实和材料来支撑你的导言。这就是演讲的主体。

主体 主体通常占整个演讲的75%，应该包括三到五个主要观点，根据演讲时间来确定。试图去涵盖太多内容反而会让听众不愿意听，因此，多数情况下，我们建议控制在三个主要观点上。用事实、理论、数据或专家结论来支撑观点。每个观点都要论述清楚，并在观点之间有过渡，让整个演讲自然流畅。演讲的主体部分要通过一些意想不到的观点、分析和生动的语言吸引观众的注意力。可以通过隐喻或描述主题让演讲形象化。简短的句子、生动的语言、个性化的故事、不寻常的数据、和谐的幽默、夸张的问题，所有这些都会让你的演讲通俗易懂。关键是要保持演讲的趣味性。做练习7—8。

练习7—8   演讲的主体

列出演讲想要涉及的三到五个主要观点，以及事实、数据、有趣的故事。最后，在观点间加上过渡句。

观点1：_____

有趣的事实、故事等。_____

_____

到观点2之间的过渡句：_____

_____

观点2：_____

有趣的事实、故事等。_____

_____

到观点3之间的过渡句：_____

_____

观点3：_____

_____

有趣的事实、故事等。_____

_____

到观点4或结论之间的过渡句：_____

_____

现在已经完成了主体部分，需要结论来结束演讲。可以简短概括一下主要观点，尽可能换个方式、语言去重申论点，而不要仅是重复叙述一遍，这样才有吸引力。有力的结尾才能给听众留下深刻的印象。有时候具有说服力的引证或故事也可作为结尾。如果你在做一个劝说型演讲，结束语应该要呼吁行动。做练习7—9。

练习7—9　　　　　　　　你的结论

写下或描述你演讲的结论。

_____

_____

在听众面前练习做结论，并回答以下问题。

结论是否概括了主要观点？ _____

总结部分是否有趣或有创造性？ _____

演讲是否以有说服力的结尾结束？ _____

你从演讲中收获了什么？ _____

如何陈述：发表演说

准备好演讲稿后要确定演讲风格。尽管你可以逐字地背下来，但我们并不建议这么做，因为你可能会忘词，演讲会显得不自然。可以采用即兴演讲的方式，主要观点可以用提纲、提示卡或幻灯片做提示，帮助组织演说。即兴演讲可以让你与听众保持眼神交流，更好地去表达、去演讲。你可以反复练习即兴演讲，让演讲自然流畅。

另一种形式是有稿演讲，用演讲稿或讲词提示器念稿。一般在准确度要求很高的时候会采用这种形式的演讲，如总统演讲，一个单词的变化可能会产生世界性的影响。某些技巧，如在演讲中加入自己的故事，或幽默的评论，都会让演讲更加有即兴的感觉。

声音传递技能

学习以下声音技能，进行演讲练习：

音量： 声音的音量是否足够大，让所有人都能听见（不用太大声）？

速度：是不是演讲的速度太快以致听众跟不上？这是常见的初次演讲时会犯的错误。演讲速度是不是太慢，以致听众都睡着了？一个好的演讲者是看着听众，随时调整说话的速度，让听众保持兴趣。

音高：音高代表声音的高低。有时候紧张会让声线颤动过快，从而导致声音过高。

节奏：用语速、停顿来强调观点或想法。运用停顿让听众有时间思考强调的重点。在演讲中保持良好的节奏是需要训练的。

词语强调：可以改变音量、速度或音高来强调所说词语或观点。

有活力的演讲者通过练习提高声音技能，运用音量、速度、音高的变化来确定演讲类型和节奏。

肢体信息传递

除了声音技能，非语言沟通也很重要。个人形象也会反映出你本人以及所演讲主题。穿着、发型、饰物决定了你想传递给听众什么样的信息，形象直接影响演讲者可信度。讲投资策略的演讲者，一个穿着磨损的仔裤、有洞的网球鞋、油腻的头发和有污点的T恤衫，另一个穿商务装、打领带，哪个演讲效果更好？当然，演讲者不需要总是穿得像世界500强的总裁那样。再重申一遍，着装取决于你的演讲主题。如果你在演讲有关民族习惯的主题，可以在演讲时穿一件民族服装。

演讲中的移动也是很重要的。正式的演讲通常都是人站在发言台上。但如果讲课或做工作坊，待在发言台上会让你和听众间显得有距离。

面部表情也很重要。如果演讲者很熟悉演讲内容，并且可以充满感情地演讲，那么面部表情会很自然。这就像在打电话时的微笑，微笑会通过电话传递。要确保你的面部表情和演讲内容一致，因为当你在谈论死亡和濒临死亡时面带微笑会看起来很无情。

姿态和手势也有助于强调重点，吸引听众。但过多使用姿势语言会干扰听众的注意力。

一些其他的重点：

- 当想解释一个很难的概念时，先从简单的部分开始，然后运用听众可以理解的类比方法去解释。

- 避免让听众一次接收的信息量过大。

- 在演讲中穿插一些例子，例如激励人心的、幽默的故事等，可以增加趣味性和吸引力。

- 使用演示文稿提示器给有助于组织演讲。

- 要有视觉呈现。包括活动挂图、幻灯片、海报，色彩对比要舒服。

- 知道如何运用技术设备，并且所有演讲的电子文件要有备份。最好用笔记本电脑做展示，并会保存两个备份以备不时之需。

智慧话语

呈现好的演讲有三个问题要注意：

1.练习

2.练习

3.练习

演讲前的一天（或演讲当天）别做练习。为了更好地演讲，给自己足够的时间来消化和回味是很重要的。在能给予帮助的、值得信任的听众前练习，如家人或朋友（甚至是狗，因为他们通常会摇摆尾巴表示支持）。在镜子或摄像机前排练，观察记录自己的表现是非常重要的。这样你能体会到作为听众的感受，也许你会为自己的表现感到惊呀："看，我没有想到我说了这么多次的'喜欢'！"

演讲感到紧张是正常的。有适当的压力是好的，可以给自己积极的心理暗示，在充分理解演讲主题的前提下每天练习，可以减少紧张感。运用压力那一章教过的放松技巧，比如不要想"我将会把演讲弄得乱七八糟，忘了说什么"，而是要想"我已经记住了演讲的内容，并且大声地练习了好几遍"。如果直到演讲时还感到很紧张，可以运用"转移"技巧，把害怕转为力量。通过练习7—10，了解并解决演讲准备阶段面临的问题。

练习7—10	自我评估

下列是演讲准备的步骤，按照难易程度排序。

（1）表示最难 （8）表示非常容易

_____决定演讲类型

_____收集演讲资料

_____选择演讲的主要观点并排序

_____写一些有吸引力的、容易被记住的内容

_____选择并使用视觉呈现形式

_____将注意力完全集中在演讲中

_____在听众前面演讲

_____和听众要有眼神交流

_____演讲最后可以提出问题

对于最困难的步骤，写出你的解决方法。

_____

_____

_____

_____

书面沟通

喜剧演员艾迪·墨菲（Eddie Mophy）曾说过"对于想尝一口的食物未必要吃下去"。换句话说，读者不会费力去想办法理解你想表达什么。

良好的写作能力是必备的，这也是你向他人展示的另一方面。实际上，在很多工作中，人们仅是通过你写的东西来认识你。

写作时要记住两件事：目标和受众。和准备演讲时首先所要做的类似，大多数书面沟通也包括导言、主体和结论。做练习7—11，评估你的写作技能。

练习7—11   自我评估

选择符合你情况的句子，并在前面打勾：

_____我相信自己有能力完成写作任务。

_____开始写作前，先写提纲，甚至是非正式的提纲。

_____我很清楚我的写作水平。

_____我很清楚要在哪些方面努力来提高写作水平。

_____我很清楚所如何引用资料，以及会产生什么样的效果。

_____我的写作有清晰的开始和有力的结尾。

_____我请求朋友或家人对我的写作提出建议和反馈。

_____我希望能有指导者对我的写作提出问题。

_____即使时间有限，我也能从容地写作。

_____我能管理好时间，不会在最后一分钟急匆匆地完成写作
        任务。

选择8个或者更多的答案表明你很自信，很喜欢写作，选择6个
或7个答案表明你将从本章学习中有所收获。如果你只有5个或更少
的答案，那么要更加关注以下建议。

职场沟通案例

职场中经常使用书面沟通的方式，比如备忘录或电子邮件。

备忘录   备忘录是记录简短信息的方式，给自己的信息或给他
人的信息，通常以纸质形式呈现，就像图7—4显示的那样。备忘录
要言简意赅，只要重点！备忘录上的信息应该是收件人看一下就能
明白理解的，另外，不要忽视了简单的标题。整理、拷贝备忘录之
前，先要签上名字。

电子邮件   电子邮件是职场中最常见的一种书面沟通形式。一
般程序会自动注明电子邮件的标题。收邮件的人要放在"收件人"

区域，如果同时有多个收件人，要把人名都写进去。如果邮件对所有人都同等重要，就不要仅把一个人放在"收件人"区域，而其他人放在"抄送"部分。

图7—4	邮件标题部分

模板

收件人：［主要收件人，如果有两个或者更多同等重要的收件人，将他们分别列出并用逗号隔开。］

寄件人：［你］

主题：［主题应该是简短的陈述，类似一个标题。］

日期：［当前日期］

抄送：［其他仅做知晓邮件内容的收件人］

举例

收件人：商业社会成员

寄件人：玛利亚·桑切斯主席

主题：组织会议

日期：2014年3月10号

抄送：大学指导教师

再次重申，要重视标题栏的作用，特别是电子邮件的标题栏，因为很多人会通过标题栏整理电子邮件或搜索电子邮件。如果转发电子邮件给第三个人，要确保没有转发任何个人的、机密的信息，否则可能会惹上麻烦。回复邮件要发送给与邮件内容有关的人，当然如果你想要所有人都看到你的回复，就要确保"发送给所有人"。

一般用问候做邮件内容的开头比较合适，也显得有礼貌，哪怕只是发给朋友的备忘录或信息。用简短但是合适的问候来开头，如：发送节日图片给家人，以"大家好，亲人们"开头，发送大事件日程表时以"俱乐部成员，大家好"开头，甚至是"你好，凯茜（人名）"也是不错的开头方式，但人名要写对。另外，最好能用反映你名字的邮箱地址，例如名字首字母、末字母@provider.com

相比于bballplayer99@whatever.com就更正式更恰当。

工作中的电子邮件一般都有联系方式，最下面有签名。大多数电子邮件程序会有几种不同的签名形式。更加正式一些的可以在邮件内容下面重复一遍电子邮件地址，这是一种礼貌。最后，要确保你的词汇、语法、结构正确。大公司里人们在真正见到你之前可能就已通过电子邮件对你有了第一印象。假设你收到一封邮件，把你的名字写错了，句子不完整，还有其他语法错误，语言组织得也不好，或包含些非职业化的信息，会给你留下什么印象？

组织高效会议

另一种重要的工作交流形式是会议，这则需要语言的、非语言的及书面的沟通技能。正如演讲有多种类型，会议也有不同的形式。例如，会议可以分享信息、处理困难、解决问题、计划安排事务。教育项目、活动也可以以会议的形式呈现，如讲座或工作坊。

会议需要提前准备，以保证会议质量，让参会人员感觉值得付出时间和精力。准备过程包括确定参会人员、会议目的、宗旨以及与会议主题一致的会议标题和会议议程。会议的地点和日期应该尽早确定，这样可以预订会议地点并提早通知参会者。

组织好会议需要做哪些事情呢？第一，要制造温馨的、人性化的氛围，如安排好点心和桌签。会议开始时要先致以真诚的问候，合适的话要介绍开会人员，并明确会议目的。大部分会议都有会议议程，议程上列出了会议内容安排。议程应至少包括：

- 会议日期和具体时间
- 会议地点
- 讨论主题
- 所有会前准备

更正式的商务会议需要更标准化的会议议程和标准化的会议管理办法。会议程序是一系列规则，比如"罗伯特议事规则"可以帮助管理大型团体会议。如果你发现自己正参加此类型的会议，最好赶快仔细研读、学习具体的规则。在会议程序中，大部分活动需要制订议案，附议、讨论，然后投票。如果制订议案的人们达成了协议，议案可以非正式地修订。如果没有达成协议，也可以制订新的议案来修订原始议案，但这个新的议案需要被附议并讨论。修订是在投票的基础上，在主要的议案已经被充分考虑并进行投票后。

看看你的会议程序是否遵循这个步骤，这可能听起来让人困惑，但是参加完在这些规则管理下的会议之后，你就会明白。

不管会议是正式的还是非正式的，会议服务商必须准备好，以备言语和非言语沟通之需。正如任何一种沟通一样，大多数会议更多的是非言语的表达而不是言语的表达，服务商可以通过让参会者更多关注非语言表达，从而让会议变得更有意义。人们是否对听或看很紧张？会场氛围如何？是否有太多的外部干扰？需要中场休息吗？他们是否点头表示同意了？对于有争议的主题是否讨论得很激烈？主题是否无趣？

会议结束后，必须写好**会议纪要**。会议纪要为以后的会议提供参考，并为下一步会议决议执行提供帮助。另外，会议记录也有助于那些没有参会的人阅读参考。会议记录必须包括：

- 会议日期和时间
- 参会人员、缺席人员和请假人员
- 检查以前会议纪要是否有修改
- 公告声明
- 讨论、决定和即将采取的措施
- 下一次会议的日期、时间和地点
- 休会时间
- 准备会议记录的人和负责人的签名

重要论文的写作

写作是一项具有挑战性的任务，因为需要同时做几件事情。在某种程度上，写论文和开车是一样的。开车时，你要掌握方向的同时注意刹车或加速、不断观察来往车辆、交通警示和信号。写作也是类似的，需要关注论文的组织和结构，还要考虑语言，如标点符号、语法、句法（句子的结构）和语义（词语的选择）。只有以上几方面都做好论文才能得高分。所以很多学生感觉写作很难。也许以下建议会对你有所帮助。

收集有用信息

作业布置下来，选定了主题后就要抓紧时间收集资料。能够确定所需资料的范围、确定资料的有用性，并有效地将之运用到论文中的能力即为**信息素养**。信息素养对论文写作、日常生活乃至终身学习都很重要。为了完成任务或做决定经常要去搜集有效信息。信息化社会中，信息素养是公民积极参与社会活动必不可少的。信息素养包括搜集、分析、提问的能力，保持适当的怀疑，确保收集信息正确、可信。

回到论文写作上来，首先通过分析主题，确定需要哪些信息资料，在哪里可以找到这些资料。资料来源包括书本、杂志、可信任的网站和专家。然后对收集的资料进行鉴别，看其是否存在偏颇。谷歌等搜索引擎，维基这样开放资源的数据库，都是收集信息的好地方，但必须保证搜索出的资料真实、有效、可信。教授和论文指导员会有丰富的资源，在你不知道如何搜索有效信息的时候，一定要主动寻求帮助。

写作前

搜集资料后，要列出提纲。建议在提纲中用不同颜色标注标题，将来源相似的资料用相同颜色标出来。当你要找出文章的某一部分引用到论文中，之前做的标记会帮你节省不少时间。

论文也由三部分组成：引言、主体和结论。引言要能够吸引读者的注意力并说明文章的目的或主题。接下来是文章的主体，用事实支撑论点。最后是文章的结论，主要是对主题进行总结。下面具体说明：

观点：陈述论点。引言中用一句话阐述主题的论点，以及论文的结构。例如，你要写一篇文章，关于散文考试的挑战，论点应该这样写：参加散文考试和参加驾照考试是相似的。

组织论文：引言之后，会有几个段落来支撑论点。最好列出提纲，哪怕仅是简单写一下。非正式的提纲需要包括以下内容：

- 引言和有用的主题陈述
- 散文作者就像是驾驶人一样，需要同时展示出多种技能
- 与参加驾照考试一样，学生参加散文考试时，也需要发挥在现实环境而非理想环境下的技能
- 时间有限并在监考下考试
- 学生可以通过训练提高成绩
- 结论

论文草稿阶段

很多学生感到论文的某一部分写起来比较困难，有些人感觉引言部分难写，有些人感觉结论部分难写，有些学生刚看到标题就很为难。其实不一定从头开始写，可以先写中间部分，比如在对比阐述写作和驾车这一主题时，甚至可以先写最后一部分"练习的好处"。

同伴和教师评审

请同学或信任的朋友看看你的论文草稿，并给出些反馈和建议。只要你论文的读者是真诚的，那么收到的反馈越多越好。有些同伴可能会不好意思提出意见，那就和他一起讨论、分析你论文中的优点和缺点。你也可以与同伴分享一些从指导者那里获得的反馈，这样他就知道怎么给予建议了。

尽可能多地向指导老师请教问题。有些指导老师更愿意对学生提出的具体问题给予指导，而不是只回答你提交的草稿是否通过，

因此与指导老师会谈前最好准备一些与论文相关的具体问题。

修改

提交论文前需要多修改几次。每一次修改都要寻求教师和同伴的反馈。如果学校有写作中心或指导中心，那就把握机会好好利用，请训练有素的专业顾问来指导你的论文。

不要仅靠电脑的"拼写检查程序"检查。因为有些语义和用词上的错误是检查不出来的。可以把论文打印出来检查，因为在纸上比在电脑上更容易看出错误。

时间管理和写作

写作要花费不少时间，所以我们再复习一下时间管理的方法。时间管理的重点就是计划好写文章所用的时间及时间截点，做练习7—12。

练习7—12	论文的时间安排

情景：指导老师提前三周布置写论文，你有21天（包括周末）的时间。填写下列表格，计算出每周需要做的工作。假设你要写一份10—12页的研究论文。写作步骤包括：

- 选择主题（除非你的主题已经提前确定）
- 确定观点/论点
- 研究并收集资料
- 检索资料
- 阅读资料，确定哪些资料是有用的
- 列出提纲
- 写草稿
- 从同伴和他人那儿获得反馈
- 修改论文终稿

现在将以上项目填入下表，并规定好时间，以便在三周内完成论文写作。你是否已经明确完成每一步骤所需时间？你是否预留了足够时间去做准备、写草稿？

第一周	所花时间	第二周	所花时间	第三周	所花时间
选择主题					
确定论文观点					

剽窃

剽窃是直接将别人的成果当作自己的。论文写作中引用他人的观点、论文内容都要标记出来。通过练习7—13，了解更多与剽窃有关的知识。

练习7—13　　　　　　　　　剽窃判别测试

你认为以下哪个行为构成剽窃，请画"√"。

_____把别人的论文当作自己的论文提交。

_____购买一份论文，当作自己的论文提交。

_____在网上购买一份论文，借用其中一些观点到自己的论文中

_____在两个或多个课程上提交同一篇论文。

_____引用资料时没有标注尾注、脚注或附带引用说明。

_____直接使用他人观点没有标明出处。

　　_____用自己的语言说明他人的观点但未注明。

　　_____只更改了一两个词就直接引用但标明出处。

　　答案：所有这些都构成剽窃。

注明资料来源

　　通常我们都需要一些文献资料（比如杂志、文章、图书和网络资源）来支撑自己的观点。不同专业学科有不同的引用和脚注方式。大多数人文学科，包括英文写作，使用现代语言协会（MLA）规定的标注方式，而哲学、教育学和社会科学使用美国心理学协会（APA）规定的标注方式，历史学使用芝加哥模式（芝加哥手册风格），化学则使用美国化学协会规定的标注方式。这里，我们仅看不同学科间共通的部分。

文内引用

　　引用不属于自己的资料需要标明出处（如果引用超过四行要缩段）。换句话说，告诉读者你是从哪儿获得的信息，可以用脚注（每页的底端列出引用）、尾注（在文章的末尾，参考书目的前页列出引用），或者是括号附加说明（在引用的末尾或文章的段落内用圆括号标出引用）。

参考书

　　参考资料也被称作引用工作、参考文献或参考书目。不管标题怎么写，这就是一个列出文章所有引用资料的清单。APA模式的参考书目是在论文、课本的某一章或课本的最后面列出来。论文写作中一般按照老师的要求列出参考文献和引用资料。

职场礼仪或展现职业形象

不管你选择学习什么专业，只要你想获得理想的工作，都需要展现出积极的职业形象。积极的职业形象会让你获得他人的关注，并助你在职业道路上不断前进。展现良好的职业形象，必须具备以下特质：

- 技术水平很强，并愿意分享
- 拥有良好的人际交往技能，并不断努力提高
- 为你的工作表现和组织能力感到自豪
- 能够忍受工作中的枯燥和无聊，没有抱怨
- 按照承诺的主动工作
- 相信自己可以提出新的想法、观点、主意
- 对帮助你的人表示感谢
- 将改变视作机会而不是威胁
- 与人交往过程中要有基本的常识和礼貌
- 愿意参与组织活动，并发挥作用

如果你能做到以上几点，那你肯定可以成功！

另外，在职场中每天都要保持良好的形象，这也表示你能坚持遵守职场规则。做到以下几点，你的职场礼仪就算做的很好。

（1）遵守办公室着装要求，不超出规定范围。

（2）沟通过程中站直坐好，因为这表示注意力集中，保持眼神交流，并运用积极的倾听技巧。

（3）工作和所有的约会都要准时，最好提前一点儿到。

（4）尽量记住他人的名字，需要的时候运用记忆技巧。

（5）保持办公区域（办公室/桌子）干净，并尊重他人的私人区域。

（6）24小时内回复电话和电子邮件，即使回复的内容是"我稍后回复"。

（7）邮件结尾写上地址和联系方式，保证没有用词和语法错误。

（8）让某人接电话时要征得其允许。

（9）午餐会上要有良好的礼节和礼仪。绝对不要点任何吃起来麻烦的食物，尤其是当用餐会让你感到有点儿紧张时。

（10）在手机及电脑的使用上遵循公司规定。

（11）要善良.有礼貌，不要参与办公室八卦。

（12）注意社交活动，如果做得不好可能会影响工作。

谈谈社交媒体

过去十年，社交网站，如脸书（Facebook）和推特(Twitter)，对我们的文化产生了重要影响。我们日常生活和活动很容易就被公开了。这对社会生活有好处，但在职业和教育领域中会产生很多问题。有些公司在招聘雇员时会例行公事地查阅这些网站，当然也会检查现有雇员。大学的招生办工作人员也会运用社交网站招聘。这看起来似乎不公平，但事实就是如此。如果你允许私人生活通过社交媒体公之于众，那你的职场形象可能会被你在社交媒体上展示出来的形象所掩盖。这些网站上的个人信息是很重要的，你要知道如何使用。维持良好职业形象最好的方法是，维持一个稳固的职业形象，保证所有你分享的信息都是积极的、合适的。

制订合理的计划

玛利亚（Maria）的书面考试和论文成绩不错。她在小组中人缘儿很好，受到大家的喜欢。但是，她在公众面前演讲时会很紧张。有一门课要求她做演讲，并且占课程成绩的20%。演讲将在一个月后进行，她越来越紧张。如果你是玛利亚的朋友，你将如何帮助她？

_____

_____

_____

_____

第八章 小组互动和团队建设

团队合作

目标:

通过本章节的学习,掌握以下内容:

- 理解小组和团队的区别
- 区分团队的类型
- 理解团队建设的概念和目标
- 理解团队决策
- 理解团队多样化的益处
- 通过头脑风暴法提高小组创造力
- 评估团队有效性和提升团队绩效
- 学习领导团队的策略

我的学生成功实验站

"我的学生成功实验站"是一个在线解决问题的网站,它可以帮助你不断提高个人能力和职业能力,使你越来越强大且自信。欢迎访问网站:www.mystudentsuccesslab.com。

我们为什么要学习团队建设?

工作、生活中经常可以看到相互合作,即我们通常所说的团队合作。例子有很多:我们喜欢的运动队、喜欢的电视节目和演员、当地的志愿消防员、我们的家人、同事,以及在学校的同学。我们在团队合作中受益。俗话说"人多力量大"也是强调了参与团队活动的重要性,本章将探讨团队合作的价值:

- 归属感
- 责任感
- 成就感
- 团结意识
- 支持感
- 主动性
- 满意感
- 自豪感(个人的/团队的)

导言

其他章节中我们讨论了很多个体成功的特质，包括压力管理、时间管理和学习方法。为了理解团体动力学和团队概念，本章我们不仅要阅读、学习，还要去体验，一起寻找答案。

"读了会忘记，看见了才会记住，实践了才能理解。"

希望你的团队可以成为一个高效运转的团队。

小组和团队的区别是什么？

我们因为不同的原因加入到组织中。练习8—1，可以帮助我们更清楚地看到加入组织的原因，从而使我们更好地理解团队与小组的区别。

练习8—1　　　　自我评估：为何加入一个组织

回想你最近一次加入某个组织的情况。这个组织可能是社会机构、学校俱乐部、几个学生参与的课程活动、委员会，也可能是午饭时间几个朋友相约打球。下面列出了参加团队组织可能的原因。请评估其重要性。

5=非常非常重要

4=非常重要

3=比较重要

2=当时似乎是个好主意

1=后悔参与

____1.寻找那些分享兴趣有共同目标的人。

____2.感觉到被别人依靠、需要。

____3.与努力、优秀的人一起奋斗，并分享"胜利的感动"和"失败的痛苦"。

____4.寻找那些鼓励我、帮助我、促使我提升自我满意度的人。

____5.在组织中工作/活动比自己一个人会更容易，也更有可能成功。

_____6.尽最大努力成为组织的一员和贡献者。

_____7.分享这种感觉："我们可以比想象的做得更多"。

_____8.和他人为了共同的目标一起工作，可以感到受鼓舞、有能量、有力量。

评价你的选择：

_____1.得1—4分，表明你的动力来自于归属感和支持感。社交中的安全感对你很重要。

_____2.得2—8分，表示你的动力来自责任感和积极性。服务并帮助他人对你很重要。

_____3.得5—6分，表明你的动力来自成就感和满意感。认为集体的力量大于个人。

_____4.得3—7分，表明你的动力来自自豪感和团结感。尊严和凝聚力对你很重要。

进一步讨论

你在哪个领域得分最高？___
你在哪个领域得分最低？___
除了以上提到的原因，还有其他原因吗？_____

总之，团队建立在每个人的强项、并弥补他人弱项的基础上。

现在你对人们为什么要参加组织有了更好的理解。接下来我们根据自己的经历学习体会团队与小组的区别。我们将了解组织、团队、团队活动（见图8—1）等相关知识，并做一系列练习（练习8—2的A—C）体验两者的不同。请自己完成练习。

图8—1 团队建立在每个人强项的基础上，并弥补每个人的弱项

练习8—2A   组织类型

列出你每天在家里、学校和社区看到的组织有哪些?

1._____

2._____

3._____

4._____

5._____

6._____

7._____

练习8—2B   你参加的组织

你参加了哪些组织?

1._____

2._____

3._____

4._____

5._____

练习8—2C   集体的记忆

描述你印象最深刻的集体体验。

_____

_____

_____

_____

_____

"小组"和"团队"经常被认为是同义词，但他们之间是有区别的。要注意团队一定是小组，而小组不一定是团队，做练习8—3。

练习8—3　　　　　　列出合作的10大好处

　　2—3个同学为一组，在练习8—2A—C的基础上讨论并写出小组合作的10大好处。

　　　　1.＿＿＿＿＿＿＿＿＿＿＿＿＿＿＿＿＿＿＿＿＿＿＿＿

　　　　2.＿＿＿＿＿＿＿＿＿＿＿＿＿＿＿＿＿＿＿＿＿＿＿＿

　　　　3.＿＿＿＿＿＿＿＿＿＿＿＿＿＿＿＿＿＿＿＿＿＿＿＿

　　　　4.＿＿＿＿＿＿＿＿＿＿＿＿＿＿＿＿＿＿＿＿＿＿＿＿

　　　　5.＿＿＿＿＿＿＿＿＿＿＿＿＿＿＿＿＿＿＿＿＿＿＿＿

　　　　6.＿＿＿＿＿＿＿＿＿＿＿＿＿＿＿＿＿＿＿＿＿＿＿＿

　　　　7.＿＿＿＿＿＿＿＿＿＿＿＿＿＿＿＿＿＿＿＿＿＿＿＿

　　　　8.＿＿＿＿＿＿＿＿＿＿＿＿＿＿＿＿＿＿＿＿＿＿＿＿

　　　　9.＿＿＿＿＿＿＿＿＿＿＿＿＿＿＿＿＿＿＿＿＿＿＿＿

　　　　10.＿＿＿＿＿＿＿＿＿＿＿＿＿＿＿＿＿＿＿＿＿＿＿＿

练习8—4　　　　　　在小组的基础上建立团队

　　以练习8—3中组成的小组为基础，2—3组同学组成一个大的团队，并在团队中做好互动和沟通。

　　情景：你们团队要负责学校宣传工作，以吸引更多学生申请报考你的学校。

　　导言：

　　1.互相做自我介绍，给团队起名字（这其实已经开始宣传你的团队了）。

　　2.所有成员必须一起努力献计献策。

　　3.团队中有专人负责做记录。

　　4.最后，在团队中选一个人阐述团队观点。

然后，回答下列问题：

每个人为团队贡献了什么？

_____

团队成员在表达观点时是否被打断？

_____

是否觉得每个人都可以自由地表达观点？

_____

是否有不同观点？如何处理的？

_____

团队最容易在哪些地方达成一致？

_____

有利于团队工作取得进展的语言、行为有哪些？

_____

有利于团队工作取得进展的非言语行为有哪些？

_____

不同成员的建议是否促成了新的想法？

_____

团队工作过程中是否出现了领导者？

_____

共同合作有哪些好处？

_____

你的团队有哪些与众不同之处？

_____

你的团队是否提出一些办法帮助学校做宣传？

_____

当团队发挥作用时，更多强调的是团队的成绩而不是个人。这说明团队并不仅是小组中个体间简单的交流互动。让我们具体看看小组和团队的定义。

团队的定义是什么？

回顾练习8—2C对集体经历的描述。如果这个经历是积极的，你会体会到友情、热情、合作精神、奉献精神、组织荣誉感，这都是在团队中才能体会到的情感。也许我们无法解释这种感觉，但经历过的都知道。

小组是两个或多个人一起完成某项任务，实现某个目标或满足某种需要。

团队是团体成员齐心协力完成共同的、互相支持的、重要的目标。团队定义中的关键点是"齐心协力"，这是小组和团队最主要的区别。小组只是简单的几个成员的集合，成员间缺少为了共同目标而齐心协力的努力与付出。如图8—2，我们将团队比作晴天中的放大镜。太阳光线代表团队中的每个成员，共同的目标就是将荒野中的木柴点燃。如果没有放大镜的聚焦，点燃木柴的目标将无法实现，因为太阳光线（团队成员）自己没有足够的能力。这也说明每个团队都是一个小组，但不是每个小组都是一个团队，小组可以发展成团队。

图8—2 以一个团队为例看团队成员在共同目标中的聚焦和努力

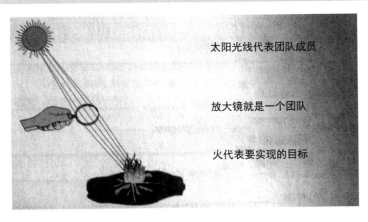

太阳光线代表团队成员

放大镜就是一个团队

火代表要实现的目标

团队的不同类型

回顾练习8—2A的内容，你也许会发现不同类型的组织。你现在能否区别出哪些是小组，哪些是团体？让我们进一步看看团队的分类。

根据团队是如何组织或组建的将团队分为：

正式的团队是由权威人士设立的，他挑选安排团队成员共同完成一项任务。

非正式的团队是成员因为共同的兴趣、目标而自发组织成立的。

工作团队通常围绕着一个具体的任务组建而成。根据团队的活动、目标将团队分为：

1.**建议型团队**　搜索、提供信息或研究资料，比如政治事务顾问就热点问题对选民进行民意调查。

2.**项目型团队**　生产、建设或创造新服务、产品，比如创造新汽车的设计团队。

3.**行动型团队**　为组织进行具体行动，比如医院里的器官移植团队。

4.**生产型团队**　为生产出某个产品而开展具体的操作，比如快餐行业的后厨员工。

5.**维修型团队**　修理或检修设备，比如汽车拉力赛中的后期维修人员。

6.**运动型团队**　由擅长运动项目的成员组成，比如垒球、足球、橄榄球、保龄球或排球的运动队。

7.**管理型团队**　管理公司的行政人员，比如公司的总经理和他的下属。

8.**虚拟型团队**　通过网络或媒体相互沟通或一起工作，而不是面对面。

9.**学习型团队**　一般多是学生聚在一起相互鼓励、支持，完成课业任务。

—————— 团队在实际生活中的应用 什么是协同效应？——————

有效的团队会产生协同效应。协同效应是个体或部分组合起来产生更大的整体效果。团队建设中经常会看到协同效应的例子。请看图8—3，一群大雁以"V"字形飞翔。

为什么大雁团队能够说明团队合作：

事实1：每只大雁挥动翅膀时，激励了后面跟随的大雁。"V"字形的群体飞行比一只大雁单独飞行提高71%的航程。

说明：具有共同价值观和团队意识的团队成员能够更快、更容易地到达目的地，因为他们彼此互相帮助、互相支持。

事实2：如果一只大雁脱离了队伍独自飞行会很缓慢、很吃力。它会很快返回到队伍中去，利用鸟群的团队力量帮助自己飞翔。

说明：我们很愿意和那些指引方向的人待在同一阵营里面，接受他们的帮助，并去帮助别人。

事实3：当领头的大雁累了，它会飞到队伍中去，然后另一只大雁会去领队。

说明：需要分享领导权力，轮流做艰巨的工作。每个人在能力、天赋、资源上是相互依存的。

事实4：飞翔的大雁会发出鸣叫，鼓励领头的大雁保持速度不变。

说明：团队成员互相鼓励可以提高生产力。

事实5：如果某只大雁生病或负伤，两只大雁会飞出队伍，跟在落队大雁后面帮助并保护它，直到它死了或可以重新飞起来。然后，它们组成新的队形或是追赶上队伍。

说明：我们在强壮时、困难时都相互依靠、不离不弃。

我们从大雁团队中学习到的是，当团队一起工作产生协同效应时，团队成绩及生产力会显著提高。

图8—3

团队的内部运作

我们通常用"高效运转的机器"来形容成功的团队。高效运转的机器代表着平稳运行，各部件啮合，摩擦最小，噪音小，维修费用低，生产效率高。让我们从规则、角色、目标几个方面看看团队内部如何运作。

团队规则是所有成员在团队成立之初就同意的方针和指令。规则的目的是明确指出团队成员在实现目标过程中可以采取的行动和行为。

例如：在运动型团队中你必须学会并遵守比赛规则，否则团队会不断受罚，很可能最终输掉比赛。

回顾练习8—4，你的团队是否确立了规则？这些规则是什么？

团队角色是团队成员在活动进程中承担的任务和职责。你是否曾在一个团队中，却不知道自己的职责是什么？不知道自己的职责被称作**角色模糊**，会降低团队效率。

例如：篮球比赛中控球后卫的角色是带球攻入前场并发起进攻。任务和职责包括断球、运球、投篮命中以及组织进攻。

回顾练习8—4中每个人的角色是什么？

团队目标是团队可以达到的、细化的、可量化的结果。

例如：运动队的目标是赢得冠军。

在练习8—4中，你的团队想要实现什么样的目标？

团队内部运作的三要素（规则，角色和目标）必须由共同工作、做决策的团队来确定。

团队决策

团队合作包括集体一起做决定。决策能力可以推动团队向着目标前进。评估一个团队能否成功主要看其实现目标的能力如何。以下是不同的团队决策模式。

团队决策中的三个C（command、consultativ、consensus）

1.**命令型决策**发生在某个团队成员（自己任命的或团队任命的领导者）作出一项决定的时候。这个成员非常有权威，并给其他成员施加压力让他们服从。命令决策通常发生在某些危机状况下（如火灾、事故、设备损坏、疾病等）需要立即行动的时候。作出决定并实施的时间非常短，通常团队成员要无条件服从。

2.**协商型决策**发生在团队成员知道目前的状况并进行讨论的时候。通常是在这方面最有专长的人主导咨询型决策，其他人可能被忽略。这种决策类型通过部分成员的讨论形成最终的决策结果，而其他团队成员可能并不同意最终的决定。因为要收集资源和信息，所以做出决定和实施的时间也比较长。

3.**一致型决策**是所有团队成员都参加讨论，每个成员都表达了观点，最终形成一致意见。这个讨论是富有活力的，所有人都认为最终决定是公平的。这种决策类型需要花费的时间最多，但因为所有人都参与其中，所以更加认同最终决定，归属感和认同感也最高。另外，实施起来也更快、更有效。

不同决策适用于不同的情境。没有哪种决策适合所有情况。影响决策的最重要的两个因素就是时间和参与感。

时间：有多长时间来做决策？决策有期限吗？时间与团队合作很难平衡好。

归属感：是否每个团队成员对决策都有所贡献？没有归属感和主人翁意识，团队就只是一个小组。

当团队失去了做决策的能力，团队成员不想表达想法，都等着其他人站出来采取行动并给出建议，团队进展停滞。团队成员的勉强不情愿会影响团队的绩效。因此信息不足、资料缺乏的情况下，不做决策也是对的。

做练习8—5思考团队决策的类型。

图8—4 命令型决策花费时间最少，认同度也最小，因为只有一个人在参与决定。团队一致同意的决定花费时间最多，但因为每个人都有认同感，实施时间也会减少。增加合作与协作，结果也就可能更积极

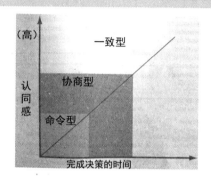

练习8—5   团队决策的类型

列出一些你曾参与过的不同类型的团队决策。

命令型决策：_____

_____

你对这个决定有何感觉？_____

_____

协商型决策：_____

_____

你对这个决定有何感觉？_____

_____

一致型决策：_____

_____

你对这个决定有何感觉？_____

_____

你是否遇到过团队无法做决策的情况，描述并解释其原因。

_____

在练习8—6中分析你的团队是如何做的，一致型决策的训练会激发脑力和关注细节的能力。

组成一个4—8人的团队，思考以下8个问题。

首先站在个人的角度回答问题，然后作为团队一员重新思考回答每个问题。即使团队讨论的结果与自己的答案不一样也不要改变自己的答案。之后将个人答案和团队答案都将与附录中的"正确"答案对比。为保证练习效果，不要提前看答案。

个人答题时间：15分钟，团队答题时间：30分钟。指定一位团队成员计时。

(1) 你被困在寒冷的野外快冻僵了，这时你发现了一个原始的小屋。屋里面有一盏煤油灯，一根蜡烛，一个火炉，火炉里有些木头和纸张。你会先点燃哪个？

你的答案：＿＿＿＿＿＿＿＿＿＿＿＿＿＿＿

团队答案：＿＿＿＿＿＿＿＿＿＿＿＿＿＿＿

(2) 如果白血球是一个白色的血细胞，红血球是一个红色的血细胞，吞咽困难是很难去咽下东西，呼吸困难是很难去呼吸，那么噬细胞是什么？它是做什么的？

你的答案：＿＿＿＿＿＿＿＿＿＿＿＿＿＿＿

团队答案：＿＿＿＿＿＿＿＿＿＿＿＿＿＿＿

(3) 硬币有多少种不同的组合可以组成4元？

你的答案：＿＿＿＿＿＿＿＿＿＿＿＿＿＿＿

团队答案：＿＿＿＿＿＿＿＿＿＿＿＿＿＿＿

(4) 一个迷路的露营者看见在很远的悬崖边上有营火冒出的烟。他朝悬崖方向大声喊，4秒后听到回声。如果声速是每秒335.28米，那么他距离悬崖有多远？

你的答案：＿＿＿＿＿＿＿＿＿＿＿＿＿＿＿

团队答案：＿＿＿＿＿＿＿＿＿＿＿＿＿＿＿

(5) 如果一只鸡平均每天产一个半蛋，那么你可以从养殖的公鸡那儿得到多少个鸡蛋？

你的答案：_____

团队答案：_____

（6）农民谷仓里有9个玉米穗，每天都有一个松鼠到谷仓去带走三个玉米穗。但是，松鼠花了9天才搬完所有的玉米穗。你能解释为什么吗？

你的答案：_____

团队答案：_____

（7）玛利亚的妈妈有4个女儿。其中三个人的名字分别是秋天、冬天和春天。那么第四个女儿的名字叫什么？

你的答案：_____

团队答案：_____

（8）摩西（Moses）带到诺亚方舟上的动物有几种？

你的答案：_____

团队答案：_____

问题	对比答案，你答对的做上标记	对比答案，团队答对的做上标记
1		
2		
3		
4		
5		
6		
7		
8		
总数		

一致型决策应该是最好的。

你和团队一起完成了这个练习，回答下列问题：

谁的分数更高？团队的分数还是你自己的分数？

_____

是否有个人的分数比集体的分数高？为什么？

_____

团队成员是否听了其他成员的建议和意见？

_____

团队成员是否承担了不同的角色？比如：领导者、计时员、记录员、鼓励者。

_____

你从解决问题的过程中学到了什么？你们是否达成了一致？达成一致花费了多长时间？

_____

你可以做哪些与众不同的事情来获得更有成效的结果？

_____

理解团体动力学

团队动力学是团队的基本属性，综合不同的个性造就团队集体的个性。正如每个人都有独特的个性一样，每个团队也有自己的个性。团队的成长遵循5个步骤，塔克曼（Tuckman）团体发展模型（见图8—4）对这个5个步骤进行了解释。

图8—4　　　　描述塔克曼团体成长和发展模型

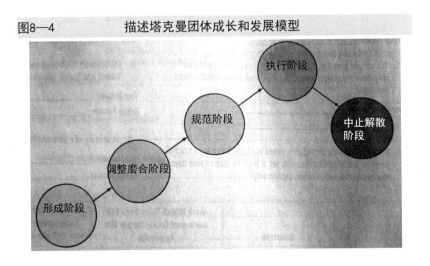

阶段	形成阶段	调整磨合阶段	规范阶段	执行阶段	中止解散阶段
个体成员想法	我是受欢迎的吗？ 我可以相信这些人吗？ 他们在乎我吗？ 我该如何适应他们呢？	我的角色是什么？ 谁是领导？为什么那个人负责一切？ 没准备好做志愿者！ 找到要结盟的人。	你想要我做什么？ 嘿，他们是可以的！ 我们的目标和目的是什么？ 我可以的！	热情 兴奋 自我价值属于某些特殊的事物 依赖队友	看看我们都做了什么！ 抱歉这已经结束了！ 思念/想念我的队友 多么难忘的经历！
小组想法	我们为什么在这儿？ 这些人是谁？ 最好别有更多的工作！	不同意领导者的意见！ 我们用这种方法不会有任何结果！谁做了什么？	尊重每个可以激发团队合作精神的人	所有的任务都被分配和完成。 感觉到协同效应。 团队很有意思！	我们是团队的一部分！ 希望下个小组做的一样好！ 需要去发现其它项目
结果	介绍相遇和问候 从第一印象开始形成观点想法 形成团队特性	测试成员和角色 领导者出现了 没有尴尬的感觉 团队形成	团体信任建立了一致性 从我的发展到我们的发展 角色固定化	开放的沟通 解决冲突 合作 协作 目标/目的实现	团队合作力量的例子 训练有潜力的新的团队领导者

多样化

　　苏斯博士（Dr·Seuss）在《史尼奇及其他故事》中写了一个团队合作和差异化的故事。这个简单有趣的故事描述了两群小动物之间因为偏见而产生分裂。

　　沙滩上住着一群长相奇怪的小动物，它们有长长的像鸟一样的嘴，直立的头发、长长的脖子、高高的个子，这些小动物最大的区别就是有的肚子上有一颗绿色的星，有的没有。肚子上有星的史尼奇认为自己是最好的，看不起肚子上没有星的史尼奇。

这时镇上来了一个叫麦克豆的奇怪的人，他带来了高科技机器，只需要很少的费用就可以在史尼奇的肚子上印上星星。所有没有星星的史尼奇们都使用了这个办法。现在沙滩上的每个史尼奇的肚子上都有星星了，所有的史尼奇都变得一样了。原来肚子上有星的史尼奇想要区分开谁是谁。于是，麦克豆又拿来了另外一个也仅需要很少的费用就能擦掉星星的高科技机器。所有的史尼奇们从一个机器进去，又从另外一个机器出来，全天都在忙着"钻"机器。循环往复，结果变得更混乱了：没有人知道谁是谁了。当史尼奇们花光最后一分钱的时候，麦克豆收好机器开车走了，他大笑着："他们永远也不会长记性，不，你永远没法让一只史尼奇长记性"。

故事主人公之间无法进行团队合作。当一个团体或个人相信自己有优势，能为组织做更多贡献时就会阻碍合作。而且当团队成员允许其他人有优越感时，团队的能量、合作、生产率、创造性和团队协作都会受到影响。因为"我的"阻碍了"我们的"。

麦克豆实际上是在不同的史尼奇们间提供一个催化剂。当所有的钱花完，麦克豆离开了，史尼奇们发现了一个简单的事实：我们所有人都是平等的，没有人可以决定我们的自身价值。那天海滩上，"我"变成了"我们"，差异是允许存在的。

这个故事告诉我们关于团队合作和差异的道理。平等不要求必须完全一致。我们应该接纳差异的存在。我们的团队成员看的、想的、行动与沟通都会存在差异。有效的团队是允许这些差异存在的。做练习8—7。

练习8—7　　　　　　　　　　多样化

回答下列问题，然后与你的团队分享。
你最喜欢的一项经常做的事情是什么？

_____

描述一个你最喜欢的食物，这个食物可以反映你喜欢的事情。

_____

家庭中的哪个习惯是你最喜欢的？

_____

解释差异对你而言意味着什么。

_____

_____

_____

和团队其他成员分享答案。讨论这些差异，并注意团队成员之间差异的积极方面。

记住：团队是由一些有差异的人组成的，但关键是他们有一个共同的目标。差异能带来更多的解决方法和想法从而完成团队目标。

接纳差异的力量

技术进步和全球化经济使人与人之间比以前联系更加紧密。商业领域已经认识到接纳差异的重要性和作用，例如新的观点、才能、经验等。因此，商业领域更容易接纳差异性，并将这些差异性有效利用，转化为产品和服务。

因此，在个人层面上，理解多样化是很重要的。首先要理解**"价值"**，价值是人们用来评判自己和他人的标准。不同文化中价值不一样，有一点需要注意，评价文化价值时不要有**文化束缚**，对其他的文化和信念保持开放的态度，这对文化差异产生积极作用是很重要的。

即使生活在相同的文化中，我们也是独特的、有差异的。广义上的多样化包括种族、民族、性别、年龄、宗教、残障和性取向。

面对多样化，我们该怎么做？首先，也是最重要的就是接纳差异，并从中学有所获。要理解不同文化在眼神交流、非言语沟通、私人空间、表达情绪等方面有不同的观点、看法。例如，眼神交流的程度什么样是合适的，这在不同文化中是不一样。有的文化接受沉默，但在有些文化中，在他人讲完话前说说话也可以接受的。理解、尊重团队成员差异的关键是要了解并理解你的同学、同事或团队成员，并对他们表示真正的关心和感兴趣。

团队头脑风暴

我们知道一个团队要想成功地实现目标，需要提出切实可行的办法和解决方案。**头脑风暴**是需要组员全部参加，共同提出办法，是团队在想法和解决办法上产生突破性的进展。

团队创造性和创新：头脑风暴

头脑风暴会议是为实现目标而收集想法和解决方案的有效途径，所以建立在他人基础上的想法和鼓励新奇的想法是很有必要的。学习下列清单后，做练习8—8。

如何开展头脑风暴？

（1）确定目标和要解决的问题，这样团队成员才能理解头脑风暴的目的（设定目标时记住SMART原则）。如果设定的目标不符合SMART原则，那么头脑风暴会议的关注点就太宽泛了。

　　a.好的目标：我们如何帮助学校提高下一年的报考人数？

　　b.太宽泛的目标：我们怎么来提高学习成绩？

（2）确立时间限制。一般20—30分钟应该足够。设定的时间到了，会议结束。

（3）选择一个人做记录。记住：发言需限制在几句话内，这样才能加快会议进程并保持进度。

（4）组织者要明确表示讨论开始，通常要与团队成员坐在一起，按顺序轮流发言。

(5) 团队在头脑风暴活动中就像爆米花一样"迸发出想法观念"，一旦"迸发"变得缓慢、思路停滞，会议也就该结束了。

(6) 活动组织者指导团队成员将收集的想法分类。

(7) 活动组织者带领团队总结出大家一致同意的前5个想法。

(8) 团队将可行的解决方案与一致同意的前5个想法结合起来。

(9) 制订行动计划（包括人员、责任和截止时间），然后开始执行任务。

对于"帮助学校提高下一年的报考人数"这个问题，比较一致的建议是在学校举办一次大型的民族文化节。文化节有助于展示学校特色、学校可提供的服务，以及学校对文化差异的认同与接纳。可以组织多个团队进一步探讨实施方案。其实一场有趣的课堂讨论就包括从收集到的所有想法中列出最好的想法，此时整个课堂就可以被称作一个团队。

小团队逐步演变为一个大团队的过程经常用于组织收集想法及扩大团队成员的参与度。做练习8—8、练习8—9，举行头脑风暴会议并评价团队表现。

练习8—8   **行动中的头脑风暴**

团队进行头脑风暴会议：

你的学校将举办一场民族文化节，包括当地的社区、学校和社团组织。活动组织者责成你们班开一个关于文化节的头脑风暴会议。会议需要考虑的事情如下：

1.地点

2.主题

3.音乐/食物和点心/活动

4.营销理念

5.学生如何贡献出力

6.学校如何贡献出力

在头脑风暴中，每个人都应该提出自己的想法，不要评价别人的想法，让大家自由表达。

根据会议结果，完成文化节的策划表。

项目	主要的想法
1.地点	
2.主题	
3.音乐/食物和点心/活动	
4.营销理念	
5.学生如何贡献	
6.学校如何贡献	

练习8—9　　　　　评价团队的有效性和表现

评价你的团队做得怎么样？3=不可思议　2=好　1=不好　0=不存在的

清晰的目标或目的_____

团队能量和热情_____

想法的数量和类型_____

支持和鼓励_____

开放和有效沟通_____

团队精神和自豪感_____

舒服水平_____

相互尊重_____

解决争议的能力_____

总分_____

分数	团队有效性评价
25—30	你在一个非常团结和有影响力的团队
20—24	你在一个很好的团队，而且可以做得更好
15—19	你的团队还行，但是还需要在低分项目中有所提高
10—14	你的团队要努力提升
10分以下	希望你能通过练习认真学习改进！

领导团队的策略

运用本章所学，你可以成为团队中具有一定贡献能力的成员。如何承担团队领导的责任，建立团队目标，并将其传达给队员，让每个人发挥作用，完成使命？

将期望值设置的高一点，了解每个成员及其贡献力。承认个人为团队做出的贡献并给予奖励。同时在团队中建立良好的氛围，让成员勇于提出想法观点，不怕被嘲笑和批评。如果总有人不同意**团队的决定**，你要有应对办法和处理方案。

团队取得成功最重要的一个因素是每个人都能感觉到自己为团队做出了贡献。作为团队领导者，你有责任营造这种氛围。最后一点建议是，作为领导者要分担责任，不要仅将工作推到团队成员身上。要记住"领导者要以身作则"。

将团队合作运用到学校、工作和社区中

一个关于泥瓦匠的寓言故事对第8章做了最好的总结：

一天，我外出散步时，遇到三个泥瓦匠都在做工。

我问第一个泥瓦匠在做什么。

他告诉我："砌砖。"

我问第二人在做什么。

他告诉我："做砖墙。"

我问了第三个人。

他解释道："建设大教堂。"

——选自约翰·奇切斯特：《日常生活智慧：圣·本尼迪克特的生活规则》，纽约，哈珀·柯林斯出版社1999年版。

每个人以不同视角看待、处理任务。高效团队勇于迎接挑战，将有关团队的新知识应用于日常活动的方方面面。在学校里、在工

作中、在社区中一起努力。

完成练习8—10，评价你在学校和社区中的团队。

练习8—10	总练习

描述你学校中的一个团队。_____

团队的目标是什么? _____

团队的优势是什么? _____

如何提升团队水平? _____

描述社区中的一个团队。_____

团队目标是什么? _____

团队的优势是什么? _____

如何改进团队，提升水平? _____

--- 制订合理的计划 ---

戴夫（Dave）和塞尔玛（Selma）本学期学习了一门很有难度的课程，他们参加了该课程的学习小组，因为他们俩都要工作，所以学习时间很有限。当学习小组成员见面后，小组成员间会花很多时间抱怨课程很难并说其他同学的闲话。戴夫和塞尔玛觉得学习小组成员应该为了提高成绩而共同努力。你建议戴夫和塞尔玛的应该怎么做?

_____

_____

_____

_____

记住："团结力量大。"

第九章 求职与领导力发展

——你的未来从现在开始

学习目标：

通过本章的学习，你可以：

- 确定自己的兴趣并学会如何将兴趣与所学内容以及未来的职业联系起来
- 分析并培养可迁移的技能
- 学会有效的求职策略
- 打造并提升个人品牌
- 掌握不同的简历格式
- 制作有效的求职简历
- 确定简历应包含的内容
- 写求职信
- 学会如何求职

- 了解不同类型的面试
- 为面试做准备
- 面试过程中运用语言与非语言技巧
- 了解领导者应具备的潜在特质

为什么要学习求职技能？

本章将从四个方面介绍一些方法策略，帮助你获得更多求职机会：

1.自我探索：将性格、兴趣、技能与潜在职业进行匹配。

2.学业准备：为取得职业成功，除了获得好成绩，还需要做哪些准备？学习如何提升个人形象，参加社团、俱乐部和社会组织都有助于培养领导力和组织能力。

3.找到你的职业定位：通过求职简历、求职申请、求职信与面试中的表现确定职业定位。

4.领导力：学习、培养领导力，有助于进行职业选择。

在校期间就要有意识地做职业准备，不要等到毕业。第一步要选择职业或者专业，大部分学生将会面临很多次选择。很多人最初选择时态度坚定，但之后想法会发生多次变化。

很多人在一生中会多次改变自己的职业，甚至职业发展方向。当今社会的经济状况与父辈那时完全不一样，我们不会在一个单位工作直到退休，因此要学会适应工作的变化。21世纪做职业准备需要培养与掌握广泛的知识、技巧与能力。

本章主要介绍自我探索、技能培养、确定毕业后的职业定位。可以从以下两方面着手准备确保求职成功：首先，在还没毕业时就要考虑自己的职业定位；其次，了解并掌握成功求职的四个步骤以及它们之间的相互关系。图9—1详细阐述了这四个步骤。本章提到的概念和技巧将帮助你在职业选择上取得成功。

图9—1	成功求职与职业定位的过程

找到适合你的职业
- 评估你的性格和能力
- 浏览求职网站
- 把兴趣、技能与未来职业进行匹配

职业提升
- 在办公室积极表现
- 培养良好的领导力潜质
- 接受终身学习

学业成绩与个人品牌的发展
- 获得好成绩
- 培养通用的职业技能
- 充分发挥社交网络的作用
- 参加社团活动

找到第一个职业定位
- 制作简历
- 查找并申请正在招聘的职位
- 成功的面试准备和表现
- 拿到接收函，接受职位

也许你已经工作，觉得这部分内容与你无关，其实不然。本章所学可以帮助你坚定自己的职业选择并激励你继续前行。如果你总是意志不坚定，不能坚持自己的选择，对想做的事情缺乏清晰的思路，那么本章内容将会帮助你进行决策。

在"我的学生实验站"里有一个很有用的测评工具："黄金个人品牌"。这个测试包含了16种性格类型，并将个人特征与未来职业进行匹配。建议学习本章之前，先做一下测试。

在校学习期间你可以做很多事情，比如，建立一个简历文件夹，为将来的工作机会建立人脉，以积极的态度塑造个人品牌和个人魅力，提升与职业成功相关的技能。做练习9—1。

练习9—1	你知道吗？

根据你的理解进行判断，在每个句子后面用"T"表示对，"F"表示错。

1. 好成绩是毕业后找到好工作的唯一要素。＿＿＿

2. 进入学校时已经选择了专业或职业的人，比那些没有选择的人要有优势。＿＿＿

3. 对大部分职业来说，只有专业对口才能找到工作。＿＿＿

4. 像英语、心理学、哲学这些文科专业对学生找工作没有帮助。＿＿＿

5. 想改变职业规划，就要调整专业。＿＿＿

6. 技术类职位录用时，招聘单位不关注求职者的语言表达和写作能力。＿＿＿

7. 报纸上的招聘广告是找工作最基本的信息来源。＿＿＿

8. 如果你面试表现好，就不必在意简历是否好看。＿＿＿

9. 应该尽可能地多加入俱乐部或社团，尽管你不打算参加它们的活动。＿＿＿

10. 对于职业发展来说，志愿服务工作没有那些付钱的工作有价值。＿＿＿

以上所有的答案都应该是F!

以上问题说明毕业后找工作是一门学问。

课程学习与求职

选择适合你的专业

也许你已经选好了专业，但是随着环境改变，你的想法也会随之发生变化，在选择或改变专业时需要思考以下几个问题：

- 你为什么选择现在的专业？
- 谁影响了你的选择？
- 对于这个专业以及与之相关的机会你了解多少？

不管选择哪种专业都需要学习很多课程，学习提高写作与运算的技巧，学习人类学、社会科学与自然科学。很多人选择专业时，其实对所选专业知之甚少。本章节将会告诉你一些有用的方法，帮助你在学习和求职中进行选择。做练习9—2。

练习9—2	如果我有100万元……

假设你很富有，可以学习任何专业，你会选择什么专业？

这个练习仅仅是个假设，发挥你的想象即可，不要考虑其他事情，比如学费贵不贵、其他人的看法、家人的需求等。

上网搜索你理想的工作。（注意搜索的"关键词"，如你输入"英文文学"可能无法搜索出想要的结果，可以输入"英文"或"文学"。）

以"艺术史"为例，如果搜索关键词是"艺术史"，会有以下相关内容：

1.档案保管员、图书馆馆长和博物馆专家技术人员

2.绘图设计员

3.广告、营销、促销、公关、销售管理人员

4.艺术家以及相关的工作者

如果选择与健康相关的职业，你会很惊奇地发现除了护士与医生以外还有很多职业。搜索到的结果中有你感兴趣的也有不

感兴趣的，写下你感兴趣或出乎意料的搜索内容。

　　继续看艺术史的例子，第三类"广告、营销、促销、公关、销售管理人员"相关工作，会查到许多信息，如：工作性质、工作条件、培训及其他技能和进步、雇佣情况、工作前景、

　　工资、相关职业、信息来源等。

　　现在搜索自己喜欢的职业，并根据以下内容总结关键信息写在下面的横线上。

　　工作性质：＿＿＿＿＿

＿＿＿＿＿＿＿＿＿＿＿＿

工作条件：＿＿＿＿＿＿＿

＿＿＿＿＿＿＿＿＿＿＿＿

培训及其他技能、及进步：＿＿

＿＿＿＿＿＿＿＿＿＿＿＿

雇佣情况：＿＿＿＿＿＿＿

＿＿＿＿＿＿＿＿＿＿＿＿

工作前景：＿＿＿＿＿＿＿

＿＿＿＿＿＿＿＿＿＿＿＿

工资：＿＿＿＿＿＿＿＿＿

＿＿＿＿＿＿＿＿＿＿＿＿

相关职业：＿＿＿＿＿＿＿

＿＿＿＿＿＿＿＿＿＿＿＿

信息来源：＿＿＿＿＿＿＿

适合你的能力与技能

　　获得职业成功需要具备一定的技能，**"可迁移的技能"** 指的是某一工作中所需要的技能，在另一工作中也需要。通过专业学习可以获得这些技能，但是课外的学习与活动对你适应社会更有帮助。比如对商业感兴趣的同学除了学习会计学和营销学的课程，也会从语言类课程中获得有效地写作与交流技能。

　　为了说明培养工作技能的重要性，美国劳工部发布了《获得必要技能委员会报告》（简称SCANS），从这份文件中可以提炼出想获得职业成功必备的工作能力和基本技能。

办公能力

根本SCANS报告显示，工作效率高的员工应该具备以下能力：

- **资源利用能力**：知道如何分配时间、金钱、资料、空间、人员。
- **人际交往能力**：能够在团队中工作，帮助他人，为顾客服务，具有领导力，可以与来自不同文化背景的人一起很好地工作。
- **信息处理能力**：可以获取并评估数据，组织文件，解释交流，用计算机处理信息。
- **系统组织调节能力**：能够理解社会制度、组织体系和技术系统及方法。可以监控并改进绩效，也可以设计并改善系统。
- **技术使用能力**：可以选择设备和工具、技术应用，修理设备。

基本技能

优秀绩效员工应该具有：

- **基本的技能**：阅读、写作、数学运算、讲话、倾听
- **思考技能**：学习能力、推理能力、创造性思维能力、决策能力、解决问题能力
- **个人特质**：责任感、自尊、自我管理、社交能力、正直

除了SCANS的报告，一些社会组织调查了美国400个雇佣者，研究个人或职业取得成功所必需的技能，结果表明在任何专业学习，除了讲授技术知识提高学生的**"硬实力"**外，让学生获得**"软实力"**也是十分重要的。"硬实力"是个人在某种任务中所需要的知识以及工作能力。"软实力"有助于提升专业素养、沟通能力、团队合作能力、工作表现等。"硬实力"使你获得面试机会，"软实力"则使你在工作中获得成功。

主要的软实力包括：

- 较强的书写与口头交流能力
- 高度的职业化与职业道德

- 团队合作能力
- 积极创造性地思考
- 解决问题与决策能力

　　这些能力与技能是很多雇佣者想看到的，学校很多课程和技术职业训练也可以帮助你发展这些能力与技能。在不同领域的经历会让你成为一个全面发展的人，可以提升求职的成功率。通过练习9—3思考如何培养能力与技能。

练习9—3　　　　　　　如何培养能力与技能？

　　根据SCAN提出的各项能力，回答以下问题：

　　学习：你正在学习的或将要学习的哪些课程，遇到的或将要遇到的哪些机会可以帮助你提高能力与技能？

　　辅助课程（包括社团活动）：学校提供哪些辅助课程、社团活动帮助发展这些能力与技能？

　　课外活动（包括社会实践）：哪些课外活动、社会实践为你提供了发展能力与技能的机会？

　　第一行做了3个示例，独立完成或者找同学一起完成下列表格。

SCANS技能	学习内容 （主要课程）	辅助课程 （社团活动）	课外活动 （社会实践）
资源利用能力	有调查的课程，例如写作与图书馆学	在俱乐部或社团中担任某种职务	兼职，做社区志愿者
人际交流能力			
信息处理能力			
系统组织调节能力			
技术使用能力			
基本技能：阅读			
基本技能：写作			
基本技能：数学与定量推理			

续表

基本技能：讲与听			
基本技能：学习与推理			
基本技能：创造力			
基本技能：决策与问题解决			
个人品质：责任感			
个人品质：自尊与自我管理			
个人品质：社交能力			
个人品质：正直			

现在你已知道如何在学习过程中培养发展自己的能力与技能。请特别注意那些填写困难的项目！

哪些可迁移的经验有助于职业发展？

尽管分数很重要，但分数并不代表全部。你在学校所做的一切都会为雇主提供有用的信息，如：你是怎样的人，你会做什么。这些都是招聘录用时的重要参考因素。

如果两个快要毕业的学生开始找工作，且都要找企业管理的初级工作：

简（Jane）是一个心理学专业学生，平均学分2.8，她第一学期很努力，但是在最后三年为赚学费做了些兼职工作，因此平均成绩是B或者B＋。她在学校图书馆兼职，还加入了一些学校社团，并成为其中一个社团的主席。在社团组织中，她参加了一些锻炼个人能力和职业能力的项目，也参加了一些社区服务活动。考虑到课堂和工作需要，她不得不限制课外活动，但仍然是很多社团组织的成员。

比尔（Bill）是一个行政管理专业的优秀学生，最低平均分3.3，每学期都会获得"优秀学生"称号。他经常在食品店做兼职工作。为了取得好成绩，他拒绝了很多诸如数学俱乐部、人类习惯研究社、学生会等社团组织的邀请。他的努力也有所收获：市场研究、人力资源管理和商业信息系统课程的成绩都是A+。

回答下列问题：

1.哪位同学的学习成绩更好？

2.哪位同学在找工作时更具有市场竞争力？

3.每位同学都有各自的强项。它们分别是什么？

4.每位同学都有自己的弱势，它们分别是什么？

这两个同学都有各自突出的能力，在找工作时都有各自的优势。更多人认为简在求职过程中会更受欢迎。虽然她的成绩没有比尔好，但她做了很多比尔没有做过的事情，获得了丰富的经验。回看SCANS列表，简在相关领域的经历都要好于比尔。

下面可以看到简和比尔的简历。他们制作的简历和求职信都能突出自己的强项。你也需要这么做，练习9—4和9—5将会对你有所帮助。

练习9—4　　　　　　　　　　制订计划

胡安妮塔（Juanita）为了成为呼吸治疗师，将要开始为期18个月的学习。她有一个小孩，为了方便父母帮她看小孩，她想在毕业时应聘当地的医院。但是当地医院每年只有1—2个名额，一班毕业生却有15—20人，很多人想竞争这个岗位。除了拿到好成绩，胡安妮塔还需要做些什么，以提高获得该职位的机会。分别列举一个对她有帮助的辅助课程和课外活动。另外，描述一下这些活动，以及她如何在临床轮转工作中证明自己的"软实力"。

辅助课程：＿＿＿＿＿＿＿＿＿＿＿＿＿＿＿＿＿＿＿＿＿

＿＿＿＿＿＿＿＿＿＿＿＿＿＿＿＿＿＿＿＿＿＿＿＿＿＿＿

课外活动：＿＿＿＿＿＿＿＿＿＿＿＿＿＿＿＿＿＿＿＿＿

＿＿＿＿＿＿＿＿＿＿＿＿＿＿＿＿＿＿＿＿＿＿＿＿＿＿＿

与学院/临床基地交流互动：＿＿＿＿＿＿＿＿＿＿＿＿＿

＿＿＿＿＿＿＿＿＿＿＿＿＿＿＿＿＿＿＿＿＿＿＿＿＿＿＿

练习9—5　　　　　　　　　大学里的机会

详细了解课程信息包括课程概述、相关政策、专业要求。此外，需要找相关信息了解与你的专业或者职业相关的辅助课程、俱乐部或社团有哪些：

_____

哪些俱乐部和社团与你个人兴趣相关：

_____

后续工作：与社团工作人员或辅导员交流，很多社团都会定期开会，可以申请参加会议并了解：谁是学生干部？谁是指导教师？一年中他们会有哪些活动？这个社团开展活动吗？在哪里活动？怎样才能加入？参与这些活动将会增加你的个人经验，对你将来求职有所帮助。

求职的真相

我们可以通过网络报纸的广告获取工作信息，但很多求职者都是依靠人际关系网找到工作的，所以在兼职中、校园内、各种活动中建立人机关系网，是很重要的。

实习生与综合性学习经历

马克·吐温（Mark Twain）曾经说过："抓住猫尾巴的人要比没抓过的人更了解猫。"经历过就会有所收获，不管好的还是坏的。最好的经历就是实习经历、实践经历或临床经历。这样，你可以在实践中学习，并找到工作和职场的感觉。不同经历的好处如下：

• 应用于课堂学习
• 体验挑战性的任务与工作
• 在职场中获得优势，提升自己的潜在价值和能力
• 提高沟通能力
• 建立工作作息规律
• 提升批判性、创造性思维水平
• 提高团队合作与时间管理能力
• 确定职业方向

正式进入职场前，实习可以获取工作经验，可以提高能力，并有助于你在开始工作时给人留下良好的第一印象。

打造个人品牌

个人品牌是个人展示出来的自身独一无二的品质。首先要了解自己，这样定位才会准确。很多行为、活动都会影响你的品牌形象。例如，制作高质量的简历和求职信、学好专业、在招聘会建立人际关系网、积极的做社区服务，都有助于提升个人的品牌形象。

在当今社会，你在社交网络上的信息也会影响个人品牌形象，所以要确保这些信息是积极的、专业的，因为它会影响你的求职、晋升与职业发展。经常浏览些职场论坛的网站。永远要记住消极的有害的信息会给你的职场生涯带来负面影响。

练习9—6	电梯演讲

在快节奏的社会里，为了能引起他人关注，你需要给人留下做事干净利落的印象。"电梯演讲"练习可以提升个人品牌形象。"电梯演讲"就是在电梯里遇见某人，在他出电梯之前向他介绍自己以引起他的注意。换句话说，如果你仅有两分钟时间来提升个人品牌形象，你会说什么？写下两分钟的"电梯演讲稿"并做口头练习。

_____

_____

开启求职之路：你的简历

简历是需要不断完善的，将有用的经历不断加到简历中。最好先写好一份简历，然后随着学习实践经历的变化，不断丰富、更新、完善简历。

　　找工作的第一步就是写简历，通过简历描述你的能力、胜任资格，以此表明你可以胜任此项工作。面试虽重要，但如果简历没有吸引招聘方的注意，你连面试的机会都没有。简历是求职的"敲门砖"，要完整、简洁、无误。一份认真制作的简历能够彰显你今后认真工作的品质。

　　简历可以用不同的格式，但最常见的简历格式是按照时间排序和按照不同功能排序。**按照时间顺序的简历**，是最常用到的一种形式，按照时间顺序列举个人经历，最新的经历要放在最前面。**功能型简历**更关注的是技能和资格而不是实际工作经历，这个比较适合经历有限的应聘者。

　　决定写哪种格式的简历前，先完成以下信息，在简历制作中可能会用到。

教育水平

　　首先要写最新的教育水平，列出学历、专业和毕业时间及学院名称。比如：

苏必略大学护士学学士

毕业时间：2016年5月

2010年5月，苏必略社会大学法医学副学士学位

写下你自己的：＿＿＿＿＿＿＿＿＿＿＿＿＿＿＿＿＿＿

工作经历

　　按照时间顺序列举工作经历，最近的放在前面。包括工作职位、单位名称、起止时间与工作职责。比如：

收银员，彭尼百货，2012年至今，招待顾客、记账、辅助年度盘点。

　　注意：以动词开始，描述工作职责，比如"促进""管理""协助""帮助"等。

列出你的工作经历，用动词描述工作职责：

_____

_____

技 能

列举对招聘方有用的知识、技能、能力。很多同学会把电脑软件操作能力写进去。比如：

熟练掌握MS Office，具备网页设计知识

写下你自己的技能：_____

_____

证明材料

很多简历结尾都会有证明材料部分，比较恰当的写法是"如有需要可随时提供"。求职前最好问问现在或过去的雇主能否作为你的背景调查证明人，并确认联系方式准确无误，最好是提前告诉他们你申请的工作，让他们有心里准备。

我们先来看两个按照时间顺序写的简历。图9—2是简的简历，因为简的社团活动比工作经历丰富，所以她将此部分单独列出来。

图9—3是比尔按照时间顺序写的简历。虽然比尔的工作经历比简丰富，但他的简历因为社团活动经历比较少并不突出，所以比尔写功能性的简历要比按照时间顺序写更好，更能突出他的知识能力。图9—4是比尔的功能性简历。

注意：尽管两位同学参与活动都很积极，但是他们没有夸大自己的成就，他们的简历共同点是：

• 写得都很专业

• 都突出了优点，弱化了劣势

• 都用了行动动词描述其完成的任务

• 语法与标点符号都无差错

图9—2	简·史密斯的时间顺序简历

简·史密斯

格罗夫大学电话：（412）555—1111

大学信箱#0001　　　　　　　　　　手机：（412）555—0000

匹兹堡，PA16901　　　　　　　　　　邮箱：jsmith@yahoo.com

教育背景

格罗夫大学

艺术心理学学士

预计毕业时间：2016年5月

工作经历

格罗夫大学图书馆

市场发行助理（2012年至今）

职责：帮助学生、教职员工处理图书申请，存档整理馆际互借
　　　申请，邮寄过期材料，整理还书。

Jo餐厅

服务生（2008—2009年）

职责：服务用餐客人、在高峰时间帮助迎宾。

领导经历

Circle K社团主席（2012年至今）

成绩：举行每年的青少年糖尿病协会筹款典礼开幕式，会员增
　　　加了20%，增加了项目预算。参加每月的服务项目，包
　　　括给当地老年中心发放礼物，通过慈善服装捐赠活动筹
　　　集资金。

自由企业联盟成员（2012年至今）

成绩：设计当地自营药店市场营销方案。设计每年的SIFE会议
　　　方案。

格罗夫大学学生宿舍委员会代表（2012年）

职责：参加每月的委员见面会，报告项目与其他情况，讨论维
　　　修与设备问题。与学生宿舍管理员每周商讨住宿人员的
　　　意见与建议。

技能

西班牙语流利

计算机技术：掌握MS Office，网页设计

证明资料：

如有需要可随时提供

图9—3　　　　　　比尔·约翰时间顺序简历

比尔·A·约翰

格罗夫大学电话：（412）555—1234

学校信箱9999　　　　　　　　　　手机号：（412）555—8989

匹兹堡，PA16901　　　　　　　　邮箱：bjones@yahoo.cn

教育背景：

格罗夫大学

工商管理学学士

预计毕业时间：2016年5月

工作经历

沃德服装零售店

销售员（2012年至今）

职责：为男装区顾客服务，在收银机上结账，协助年度盘点。

比萨店

服务员（2012—2013年）

职责：晚餐时间为顾客服务，帮助清理桌子和闭店；负责收好
　　　每晚的收入。

汉堡皇宫

服务生（2010—2012年）

职责：在快餐店服务客人，在"得来速"（免下车即可获得服务
　　　的餐馆）服务点做监督员，协调安排周末工作的员工。

技能：

计算机技术：掌握MS Office技术，VB、网页设计

证明材料：

如有需要可随时提供

图9—4　　　　　　　　　　比尔·约翰功能性简历

比尔·A. 约翰

格罗夫大学电话：（412）555—1234

学校信箱9999　　　　　　　　　　　手机号：（412）555—8989

匹兹堡，PA16901　　　　　　　　　　邮箱：bjones@yahoo.cn

求职目标：工商管理方面的工作

教育背景：

格罗夫大学

工商管理学学士

预计毕业时间：2016年5月

课程亮点：

计算机应用、营销调查、人力资源管理、工商专业前沿课程、商业法

技巧与能力

陈述与沟通技能

- 参加各种问题的小组陈述，包括在不同的工作场所与技术教育领域。
- 在市场营销方法课上作为小组代表陈述为当地公司制定的市场营销计划。
- 采访申请来本地餐馆工作的人员。
- 及时并专业的处理顾客投诉。

技术

- 熟练掌握MS Office，包括PowerPoint。
- 开发、维护Excel和Access数据库。

研究

- 帮助教授收集研究资料。

- 主持教师调研项目（管理教职工研究项目的核心小组）。

工作经历

沃德服装零售店

销售员（2012年至今）

比萨店

服务员（2012—2013年）

汉堡皇宫

服务生（2012—2013年）

证明材料：

如有需要可随时提供

做练习9—7写简历。

练习9—7	写简历

根据以上内容，写自己的简历，然后给你信任的人看看，听取他们的建议修改简历，并不断完善。

文件夹和电子简历

简历展示了你的能力和完成的工作，再建立个电子文件夹方便储存、整理、查看与简历相关的资料，比如：

- 自传与联系方式
- 职业目标
- 电子简历和求职信
- 学术成就
- 工作经历
- 所获荣誉
- 证明材料与推荐信

可以将一些图片、图像、影像、声音等资料放入文件，突出形象，丰富资料。现在影像简历也越发流行，以练习9—6中的两分钟电梯演讲稿为基础，制作一个能吸引招聘方注意的两分钟影像简历。

写求职信

找工作过程中，简历非常重要，但是为了让招聘方看到你的简历，还必须有一封高质量的求职信。求职信的重点不在于你为什么需要这份工作，而是重点写公司为什么要给你这份工作，你能为公司做些什么。此外在陈述上也要注意，避免下述说法：

"我非常想在你们单位工作，因为我觉得这对我的事业有很大的帮助。"

雇佣者最关心的是你能给公司带来什么，而不是公司能为你做些什么。所以应该写："我的教育水平和经历符合贵公司财务管理职位所需的任职资格。"

写求职信的几点技巧：

专业化：写一个吸引人且看起来很专业的标题

语言组织：我们在第七章讨论过"论点陈述与标题句"，求职信中应该重点明确，主题清晰，论点突出。求职信中的论点是说明你如何能够胜任这个职位。如："我正在申请康德菲尔学区二年级教师职位（《纽约时报》2014年9月上刊登了招聘公告），我的工作经历与教育背景让我具备了这个岗位所要求的技能。"

主题句：每一段都应该明确一个理由，说服招聘者给你面试机会。例如，第一段介绍你自己；第二段说明工作经历让你具备应聘岗位需要的能力。如果你的工作经历有限，就把焦点放在社会实践或社团活动上。在第三段，可以突出你的学业成绩，说明所学课程与应聘职位之间的关系。如：

"我在格罗夫大学获得了本科学位，并取得了教师资格证，专业是英语基础教育，同时获得了基础读写能力与阅读的证书。我学习了关于语言与语音学方面的历史及最新理论，并用所学知识提出了自己的语言艺术教育理论。

教学经历主要是实习以及在当地学校作志愿者。在实习与教学之前，我申请了在格罗夫初级中学做课堂助教的工作，将我所学应用于实际。虽然我的教学对象主要是三年级学生，但我课后辅导的学生包括所有年级。这些经历使我具备教不同年级学生的能力。"

　　注意，每一段的主题都聚焦在任教资格的不同方面。首先，是学术背景，然后是经历。

　　结尾也非常重要，你需要在此感谢招聘方考虑你的申请，表达你希望参加面试，并提醒招聘方你的联系方式。如：

　　"成绩单和简历证明我能够胜任二年级教师的职位。我很乐意在任何时间接受面谈。如果您想看到更多相关资料，可随时联系我：（555）555—1111，谢谢您给我这个机会。"

　　简洁：当我们申请初级职位时，求职信最好不超过一页。要开门见山！

　　关注点在"读者"：要关注雇主的需求而不仅仅是自己的需要。尽可能多使用代词"您"，而不是"我"。例如，"如果您想了解更多的信息""感谢您考虑我的申请""您会发现我的简历及证书值得您看。"

　　求职信应该简洁、无误、积极向上并且看起来很专业。求职信和简历帮你进入面试阶段。面试时可能会要求你填写一个申请表，所以最好带一份简历复印件以备填写申请表时参考，确保信息填准确、完整。这也反映了你做事是否有条理、是否有责任感。

求职申请

　　除了简历和求职信，通常招聘方会在面试开始前要求你填写求职申请表。最好在面试前15—20分钟到，这不仅显示了个人的职业素养，也可以给自己留有充裕的时间填写申请表。此外，面试时带笔、简历、个人信息表是很重要的。

　　一定要确保求职申请表简洁、清晰、无误。期望薪资一栏最好写"可协商"或"面议"。写完要认真检查，确保所写信息准确无误。

完成练习9—8，填写个人信息表，帮助你了解求职申请表包含哪些内容。

根据实际情况填写下表。

姓名：＿＿＿＿＿＿＿＿＿＿

地址：＿＿＿＿＿＿＿＿＿＿

手机号：＿＿＿＿＿＿＿＿

电子邮箱：＿＿＿＿＿＿＿

期望职位：＿＿＿＿＿＿＿

期望薪资：＿＿＿＿＿＿＿

教育背景/学历/证书（包括学校与时间）

＿＿＿＿＿＿＿＿＿＿＿＿

所获荣誉

＿＿＿＿＿＿＿＿＿＿＿＿

专业协会/组织

＿＿＿＿＿＿＿＿＿＿＿＿

＿＿＿＿＿＿＿＿＿＿＿＿

工作经历（包括雇主姓名与地址，所担任的职务与时间）

＿＿＿＿＿＿＿＿＿＿＿＿

＿＿＿＿＿＿＿＿＿＿＿＿

计算机水平

＿＿＿＿＿＿＿＿＿＿＿＿

军队服役或者军事训练情况

＿＿＿＿＿＿＿＿＿＿＿＿

有无身体疾病或重大疾病史

＿＿＿＿＿＿＿＿＿＿＿＿

姓名与联系方式

＿＿＿＿＿＿＿＿＿＿＿＿

面试

求职信与简历让你获得了面试机会，现在你需要与招聘方面对面交流，直接展示你的职业能力与职业精神。以下品质很重要：

三个P：严守时间（punctuality）、专业水准（professionalism）、工作准备（preparation）

"永远不可能有第二次机会给别人留下好的第一印象。"如果面试迟到，会给面试官留下不好的印象，所以要做好准备，提前出门，制订应急预案以防突发状况（如交通堵塞等）。

为了给别人留下良好的第一印象，外表很重要。穿着要得体，最好是职业装，不要喷香水，以防面试官中有人过敏。最好在面试期间手机关机。

搜集公司信息。一定要了解公司的组织结构，熟悉他们的网站，如果公司有自己的理念宗旨，最好准备一下你在哪些方面与之契合。

面试问题

以下面试问题很重要，需要提前准备：

- 向大家介绍你自己。
- 如果我们录用你，你能给这个职位带来什么价值？
- 你的优势？
- 你的不足之处？
- 你的五年计划是什么？十年计划呢？
- 你喜欢什么类型的工作？
- 什么类型的工作职位让你感觉有挫败感？你会怎么处理？

以上问题仅是部分列举。大部分学校的就业指导中心会进行模拟招聘会帮你准备面试。

- 公司可以为员工的职业发展提供什么机会？
- 对于这个岗位，公司对员工的要求是什么？
- 公司提供哪些培训？
- 公司如何考核员工绩效，有什么激励措施？
- 我可以和这个岗位的在职员工聊聊吗？
- ……

面试小贴士：

- 面试过程中，对每个人都要有礼貌。公司做录用决定时有可能会询问候考区工作人员的意见。
- 要友善、开朗，和遇到的人友善地打招呼，友好地眼神交流，握手有力不敷衍，面部表情积极得体。

- 不要指责、抱怨以前的雇主、上级。
- 面试结束后可以写一封简短的感谢信，以表达对面试官的感谢。

要多做面试练习，试着做练习9—9，进行模拟面试。

练习9—9	模拟面试：职位公告

学生中心服务台有一个岗位空缺，要求熟悉学校组织架构，了解各办公室的职能和位置，能够处理多种任务，具有较强的人际交往与办事能力。简历和求职信要提交给学生生活办公室，面试安排将在两周内进行。

找个同学一起进行模拟面试，两个人轮流当应聘者与考官。提前准备一些自己要问的问题，并对双方的回答进行评价：

回答情况：＿＿＿＿＿＿＿＿＿＿＿＿＿＿＿＿＿＿＿

表现情况：＿＿＿＿＿＿＿＿＿＿＿＿＿＿＿＿＿＿＿

沟通技能：＿＿＿＿＿＿＿＿＿＿＿＿＿＿＿＿＿＿＿

相关知识：＿＿＿＿＿＿＿＿＿＿＿＿＿＿＿＿＿＿＿

改善建议：＿＿＿＿＿＿＿＿＿＿＿＿＿＿＿＿＿＿＿

网上资源可以帮你进行生涯探索与评估

兴趣测试：很多网站都有自我测评，也可以去就业指导中心看看是否提供此类测试。兴趣测试通过问一些关于课程偏好、工作偏好以及个性特点等问题，确定你的职业兴趣，帮助你选择职业方向。这是很常用的职业规划工具。

人格气质测试：这类测试可以在网站上找到，主要测量人格特点，这对找工作很重要。

职业展望手册：专业人力资源机构每年都会发布人才管理报告，提供很多职业信息，包括这些职位所需的专业与学历，以及不同领域的职业展望与职业前景。

改变航向：发掘领导潜力

毕业后不仅可以找到心仪的工作，还有可能成为领导者。此外越来越多的雇主希望雇佣具有潜在领导力的员工。因此挖掘自己的领导潜力是很有必要的，领导力培养的第一步就是认识你自己。做练习9—10可以发现领导力是很受关注的。

练习9—10	搜索领导力

选择一个搜索引擎输入"领导力"这个关键词

你搜到了多少结果？ _____

作者得到了87700万个搜索结果。

现在搜一下"领导力发展+书"

你搜到了多少结果？ _____

发现领导者的特征

通过练习9—10，我们发现大家都关注领导力。根据自己的理解界定"领导力"一词，并问自己一个很基础的问题：你有成为领导者所应具备的品质吗？

了解领导力品质最好的方法就是研究典型人物。领导者是榜样人物的杰出代表，我们可以调查以下问题：谁是真正的领导？拥有哪些性格使他们获得成功？做练习9—11。

练习9—11	什么成就了领导者？

按照以下要求完成表格：

1.列出在某些领域很优秀的领导者，每个领域选出2—3个。

2.列出帮助他们获得成功的品质。

	不同领域内领导者的姓名	性格特征		
	体育界			
1		1	2	3
2		1	2	3
3		1	2	3
	商业界			
1		1	2	3
2		1	2	3
3		1	2	3
	政府机关			
1		1	2	3
2		1	2	3
3		1	2	3
	历史人物			
1		1	2	3
2		1	2	3
3		1	2	3
	娱乐圈			
1		1	2	3
2		1	2	3
3		1	2	3
	宗教界			
1		1	2	3
2		1	2	3
3		1	2	3
	家庭			
1		1	2	3
2		1	2	3
3		1	2	3

续表

	教育工作者			
1		1	2	3
2		1	2	3
3		1	2	3
	自己选个领域			
1		1	2	3
2		1	2	3
3		1	2	3

和朋友或同学一起对比一下所填表格，看看大家一致选择的领导者有哪些。讨论什么品质使这些领导者与众不同。列出10个共同特征。

做练习9—12，发现自己的领导力特质。

练习9—12　　　自我发现：你具备哪些成为领导者的特质

根据上面列出的领导者及其性格特征，形成自己的清单，列出你成为领导者应具备的重要品质：

1. _____
2. _____
3. _____
4. _____
5. _____

高效领导者的核心品质

探索个人和职业成功之路需了解高效领导者的核心品质。团队就像放大镜一样，只要找到焦点就可以产生火花。领导者就是可以凝聚与点燃团队激情的人。

有人认为领导者像超级英雄：是最有价值的人、学术获奖者、金牌获得者、国会荣誉勋章获得者等。其实我们每个人都在以自己的行动引领自己的成长、职业的成功、努力追求的目标、加入的团队以及我们所有的选择和决定。实际上我们每个人都是潜在的领导者。

我们必须拥有练习9—10中提到的那些优秀品质。培养领导力要先将自己的行为、性格与我们尊敬的领导者们具有的特质进行对比，因为他们是非常有价值的学习榜样。

哪些品质使他们成为领导者？

有人认为能不能成为领导者是先天决定的，其实我们每个人都可以成为领导者，关键是如何激发潜力。发掘个人领导潜力须具备的四个基本要素：用心、态度、视野、能量。

用心：我们都渴望得到他人的认可与欣赏。这种伴随着认可的成就感是我们进步的动力。领导者需要与他人建立良好的人际关系，关心他人，愿意帮助他人取得成功。

领导者必须获得下属的尊重与信任，有责任心的领导者会给下属带来希望。如果你还在担心自己的自尊问题，还怎么去关心他人呢。我们做一个关于自尊的练习，为将来成为领导者做准备。

练习9—13　　　　　　　**自我分析**

回答下面问题，你最近一次作为团体中的成员是在家里、单位还是学校：＿＿＿＿＿＿＿＿＿＿＿＿＿＿＿＿＿＿＿＿

1.活动中你是全身心投入并充满活力吗？＿＿＿＿＿＿＿＿

＿＿＿＿＿＿＿＿＿＿＿＿＿＿＿＿＿＿＿＿＿＿＿＿＿＿

2.你经常反省自己的行为和工作吗？有没有制订改进计划？

_____

3.你能否对自己的行为或作出的选择负责？

_____

4.你能够说出自己的信仰吗？ _____

_____

5.你是否设置了目标并监督自己执行？ _____

_____

6.你能做到言出必行吗？ _____

如果有的问题是"否"，说明你还有需要改进的地方。高效的领导者会不断努力提高自己。与所敬重的人进行讨论可以给你不少有效的建议。自尊是成为一个高效领导者的重要因素。

_态度_：态度通常有两种：积极的和消极的。我们每天都会呈现不同的态度。不论积极的态度还是消极的态度都具有"传染性"。消极的态度可以毁掉一个团队，积极的态度可以使整个团队精神振作。态度积极的人生活中充满阳光和希望，无论是玩儿还是工作，他们的周围充满欢乐。

领导者要为工作任务定下基调，因此必须具有积极的、自信的态度，这会给团队带来希望，给下属带来发挥潜能的信心。领导者必须用积极的态度照亮团队的方向，这有助于营造一个积极高效的工作环境。练习9—14说明了态度的力量。

练习9—14　　　　　　　积极态度的力量

写一个积极态度产生积极结果的个人经历。

_____

_____

_____

视野：提到"视野"自然想到的是看到某个物体的能力。但领导者需要的"视野"，是为实现更好的结果而确定的目标与方向。简单讲就是领导者要有远见，能够激励自己和他人将远见变成现实。

领导者是可以带领你达到某个目标，而这个目标是你独自一人遥不可及的。为了更好地理解，我们来看马丁路德·金在1963年的演讲："我的朋友们，今天我要说的是，尽管现在仍有很多困难与阻碍，但是我仍有一个梦想。这个梦想深植于美国梦中，那就是自由。"马丁路德·金向人们描绘了一个生动的、美好的画面，那是可以激励人们为之奋斗的目标。

在练习9—15中写下你自己的理想。

练习9—15　　　　　　　发展视野

未来5年你对生活的期望是什么？可以从家庭、教育、职业、经济、个人等方面思考。

_____

_____

_____

为了实现梦想，你必须采取哪些行动？根据SMART原则，制定计划。

1. _____

2. _____

3. _____

━━━

　　请记住，梦想加行动会改变世界，你的未来也是如此。

　　能量：爱默生说过"没有热情我们一事无成"。能量与热情可以激发动机，动机驱使我们行动。领导者必须有力量，能够激发自己和他人的热情与激情，激励自己和他人完成任务、到达目标、最终实现梦想。做练习9—16。

练习9—16　　　　　　如何获得能量？

　　如果你在家或学校、单位必须完成一项任务，而且这项任务需要你付出很多能量，你将如何获得能量？

　　_____

　　_____

　　_____

练习9—17　　　　　　总练习：领导力要素

　　根据自己的实际情况解释"通向领导者之路的最好方法就是向榜样学习"是什么含义。

　　_____

　　_____

　　找到工作仅是工作的开始。证明你适合这个工作是很重要的。你需要积极对待工作，在工作中表现出较强的独立性、良好的人际交往能力、领导力以及团队合作能力，以及不断要求进步的愿望。

英明的决策

罗伯特通过简历与求职信获得了一个面试机会，面试的职位很适合他。但他对这个公司知之甚少，也知道竞争很激烈。如果他在面试中表现好的话，是有机会得到这个工作的。罗伯特该采取哪些行动确保他在面试中有好的表现？

_____

_____

_____

_____

在人生旅途中照顾好自己 10

学习目标：

学完本章后，你将学到以下几点：

- 为身体健康、心理健康和精神健康制订计划
- 养成健康的饮食和睡眠习惯
- 学会预防疾病
- 了解抑郁症
- 了解并预防药物成瘾
- 选择健康的生活方式

我的学生成功实验站

"我的学生成功实验站"是一个在线解决问题的网站，它可以帮助你不断提高个人能力和职业能力，使你越来越强大且自信。欢迎访问网站：www.mystudentsuccesslab.com。

为什么学本章内容？

人生旅途中有三样东西会永远伴随着你，它们是身体、心理、精神。本章将和大家讨论这些问题。

我们每天接收到各种各样的关于健康的信息，但是仅身体健康方面就有很多信息都是相互矛盾的。食用糖类，拒绝脂肪！不，等一下，相反的才是正确的！力量训练和有氧健身，哪一项更重要？近年来，一直强调避免药物滥用，但是对于那些对非法药物（海洛因、可卡因、大麻）和合法药物（尼古丁和咖啡因）成瘾的人来说，真是"说起来容易做起来难"。

你要做的最重要的一个选择，就是决定你想要哪种生活方式。现在的选择对你将来的健康和生活质量都有着深远的影响。

你的饮食是否合理？能够坚持运动吗？睡眠是否充足，是否可以恢复体力？在压力过大时能否拒绝违禁药物，能做到不抽烟不喝酒吗？能够避免那些有严重后果的、危险性的行为吗？这就看你的选择了，你的选择将会影响你的健康、财富和生活。

让我们从同伴压力的影响开始谈起。我们常认为同伴压力带来的是消极的影响，但是不要忘了，有些同龄人和榜样会激励我们选择健康的生活方式。

想一下，你周围是否有些人或有些朋友会选择积极健康的生活。如果你的周围有这样的人，恭喜你，交友不错！

"个体责任"与"知情选择"是决定你生活方式的两个关键因素。为了作出好的选择，你需要有足够的知识，本章介绍了一些健康常识。生活中有许多途径可以获取有关健康的信息。电视与网络上有很多关于"神奇饮食"与"神奇药品"的宣传、广告。阅读并分析你读到的有关健康产品与养生的信息，然后判断是否安全，通过多种权威资源查找资料，确定其用途，之后才决定是否要去尝试。虽然网络是很好的信息来源，但是上面有太多的伪科学，其中观念多于事实。所以，对于那些绚丽的电视广告要持谨慎和怀疑的态度。（请注意：本章内容绝不提供医疗建议，请咨询你的医生或医疗服务人员，他们将告诉你要制订什么样的治疗方案与计划。）

如果你患了重病，就会知道，没有健康，什么都不值一提。当你听到"健康"这个词时，你可能只想到"不生病"，然而事实并非如此，"健康"这个词，含义很广，为了实现全面健康，我们回到本章开头说的问题。第一个问题是身心关系，应该将身体健康与心理健康结合起来讨论；第二个问题是在生活中保持平衡与适度。一位有才华的国会议员，名叫富兰克林（Ben Frank），他还是科学家、作家和哲学家，他认为人生中打开幸福和成功大门的钥匙就是平衡和适度。

虽然关于健康有许多相互冲突的观念，我们选择的都是经过时间考验的。本章中，你可以了解到每个问题的背景知识，以及具体实践的方法。针对每个问题，不论你的现状如何，我们都会帮你作出一些改变，帮你创造更健康的生活。

身心健康

生活方式会影响我们的身心健康，包括如何才能让我们的身体更健壮，如何运动，睡眠质量，疾病预防的方法，日常行为习惯等。我们先分别探讨每一部分，但它们之间是相互联系的。

营养

营养对于健康极其重要，首先在练习10—1中评估一下你的营养状况。

基本的营养法则

你肯定不想有毒气体、灰尘和其他污染物进入车中，那样车会出问题、发生故障。我们的身体也是如此，食物为我们提供了营养或称为养料，为我们提供能量。

人体所需的三大营养物质是**蛋白质**、糖类和脂肪。富含蛋白质的食物有肉、鱼、蛋、坚果和乳制品。蛋白质是人体组织更新和修复的主要原料。

糖类主要从面食、水果和蔬菜中获取，提供热能，一些糖类食物含有纤维，有助于消化。

富含**脂肪**的食物有肉、坚果、油和乳制品，用于储存能量和保持体温，溶解营养素，帮助免疫系统正常工作。脂肪分为饱和的（室温呈固态，如黄油）和不饱和的（室温呈液态，比如玉米油和菜油）。

练习10—1	评估你现在的营养状况

根据实际情况进行选择，用数值回答问题：

3分=每天

2分＝每周3—5天

1分＝每周1—2天

0分＝每周一天都没有

＿＿＿我吃好几份新鲜水果和蔬菜。

＿＿＿每天喝6—8杯水。

＿＿＿吃各种各样的食物。

＿＿＿很少吃甜食和高胆固醇的食物。

＿＿＿确定我的饭菜包含必需的维生素和矿物质。

＿＿＿我的饮食中饱和脂肪和胆固醇的含量很低。

＿＿＿只有饿了我才会吃东西，而不是因为我想吃就吃。

＿＿＿我饮食时会注意控制体重、保持健康。

＿＿＿总分

你的分值多少？

24分	你的营养状况非常好
20—23分	你有好的饮食习惯，但仍有改进的空间
16—19分	你做得还行，但仍需改进
15分以下	饮食习惯不太好，并严重影响你的健康

我们所吃的食物都会被分成5大食物群，见表10—1。

表10—1　　　　　　　　　　　　五大基本食物群

食物群	食物举例	营养注意事项
粮食	全麦面包、谷类、意大利面食	注意一些甜的谷物和炸面圈，它是粮食但也富含糖份，应该限量食用。
蔬菜	西兰花、胡萝卜、玉米、豌豆、菠菜、生菜	新鲜蔬菜最好，比较健康，罐装蔬菜已没有多少营养价值了，此外还含糖、盐或其他添加剂。最好在食用前洗掉蔬菜上残留的有害物质
水果	苹果、桃子、梨，桔子	新鲜水果最好，水果罐头中会添加不少糖，而且没有多少营养价值

续表

乳制品	牛奶、冰淇淋、奶酪、酸奶	含脂1%的牛奶与脱脂酸奶含脂肪最少，全脂牛奶、冰淇淋和奶酪脂肪含量较高
肉、禽、鱼、蛋、豆类、坚果	火鸡、牛肉、金枪鱼、鲑鱼、花生、核桃	这些食物富含蛋白质和脂肪，然而，可以去掉或减少脂肪含量，举例来说，罐装金枪鱼含油较少，另外，要小心花生过敏

以前标准的营养指南是食物金字塔，现在用"盘状模型"来代替，更直观地表示饮食中各食物群应有的比例分配。

"盘状模型"让我们更容易记住如何实现均衡膳食。举例来说，它表示出水果和蔬菜应占盘子的一半，蔬菜应稍多于水果。事实上，由于每个人性别、身高、体型、年龄不同，甚至平时参与的活动水平不同，模型是可以灵活变化的。运用"盘状模型"作为饮食指南的同时，要记住根据身体状况决定饮食。一些人可能会对食物有不良反应（有时微量的食物就能引起），比如对某些坚果过敏或对谷蛋白、乳制品过敏等，要知道自己对特定食物的反应，并注意饮食后的感觉并随之调整饮食。

要获取关于"盘状模型"的更多信息和个人营养指导资料，可浏览ChooseMyPlate.gov网站，该网站由美国农业部（USDA）主办，同时要记住一些关键的原则：

• 饮食要均衡，品种要多样。

• 每天多吃水果和蔬菜（特别是生的）。做饭时炒菜的时间越长，营养流失得越多，轻炒和蒸是做蔬菜的好方法。罐装蔬菜基本上已没什么营养了。

• 脂肪摄入要适中，虽然我们需要它，但大量饱和脂肪酸的摄入会导致胆固醇高，肉食中的脂肪酸会导致肥胖病和心脏病。要选择纯脂肪和单脂肪（适量对健康还是有好处的），比如橄榄油、鳄梨和坚果。

- 限制甜食的摄入，甜食（糖、果冻、糖果、软饮料等）含大量的糖，热量太高，会导致肥胖和糖尿病。如果非要用甜料可以用蜂蜜来替代糖或果糖含量高的玉米糖浆（使用本地的蜂蜜更可以有效缓解对于空气中花粉的过敏）。想一下：一汤匙糖大约4克，大多数20盎司一瓶的苏打饮料含60—70克糖或更多，算一下，喝一瓶饮料相当于吃多少勺糖！

- 戒酒或限酒。

- 减少分量。许多餐馆的菜量比较大，不要非全吃了不可，吃不了所以可以打包，试着计算一下你摄入的热量。你将会发现摄入不超过2000卡的热量（标准量）比想象中难得多。除此之外，给自己一些时间来消化。一般吃完东西10—20分钟后我们才意识到吃饱了。所以我们经常会吃多，记住：吃是为了生活，而生活不是为了吃。

- 喝6—8杯水。大多数食物和液体中都含有水，我们的细胞也是如此，水除了可以在体内参与数不清的化学反应之外，还用来运输废物和营养。

维生素和矿物质

维生素和矿物质是微量元素，每种微量元素都有其独特的作用。维生素种类不同其作用不同（见表10—2）。矿物质中的钙可以强健骨骼和牙齿，补充钙可防止骨质疏松症，这种病会让人体骨头变脆。但是，注意补充剂量，过量或大量的脂溶性维生素（维生素A、D、E、K）会引起中毒，并伤害肝脏和肾脏，对身体有害。

关于皮肤健康

合理的饮食、水合作用（身体内的液体）对皮肤健康很重要，这就是为什么要一天至少喝6—8杯水。其他液体像酒和咖啡，事实上就是利尿剂，会造成水分的净流失。抽烟同样会影响皮肤健康，

正确看待脂肪

常见的误解是脂肪对身体有害，这是不对的。我们的身体需要这三种食物类型：糖、蛋白质和脂肪。关键是维持合理的平衡，合理膳食，正确地摄入脂肪。

- 避免食用反式脂肪酸。
- 限制摄入饱和脂肪。
- 适量摄入"欧美伽3"不饱和脂肪酸。

造成皮肤衰老。晒太阳对体内生成维生素D很重要，但要适度，否则会增加患皮肤癌的风险，一些皮肤病可以治愈，而另一些则是致命的。太阳的作用是累积的，儿童时期的晒伤可能会在成人后产生严重的后果。

防止过度晒太阳的方法有：首先，尽量不要在上午10点到下午4点之间晒太阳，这个时间段太阳光线最强，尽量穿长袖衬衣，戴有帽沿的帽子和太阳镜（带偏振光ＵＶ保护和四周都能遮盖的帽子来防晒）。当然，使用防晒霜也是不错的选择。见图10－1，显示的是一位皮肤癌患者。

 图10—1　　　　　　　　　皮肤癌患者

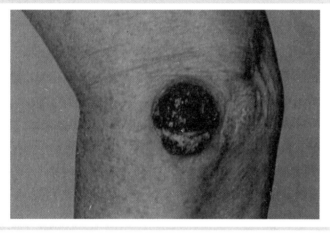

表10—2　　　　　　　　　维生素：功能和来源

维生素	功能	富含此类维生素的食物
维生素A	对视力、骨骼、牙齿生长是必须的，促进皮肤健康	肉、蛋、牛奶、深绿和黄色蔬菜、胡萝卜和水果（西红柿）
维生素B（多种）	增进神经系统的功能，调节新陈代谢	全麦食品、肉、禽类、绿叶蔬菜
维生素C	增强免疫力，促进骨骼、牙齿生长及伤口愈合	柑橘类水果、新鲜蔬菜，如青椒、甘蓝菜
维生素D	促进骨骼牙齿生长	乳制品（晒太阳也产生维生素D）
维生素E	促进肌肉生长、伤口愈合（或许还能提高生育能力和预防某种癌症）	麦芽、蔬菜比如唐莴苣、菠菜、羽衣甘蓝和西兰花
维生素K	维持正常的凝血功能	绿叶菜

那么，关于维生素和矿物质的重点是什么呢？

• 虽然可以通过药物、营养品来补充维生素和矿物质，但大多数研究表明，最好自然地摄取维生素，也就是说，通过健康饮食来摄入。

• 很多专家都认为从大自然中的食物中摄取维生素和矿物质的最好方法，但在一些情况下，适当地补充一些维生素和矿物质还是有必要的。多了解一些信息，并咨询你的医生如何补充营养物质。

现在你已经了解了营养和皮肤癌方面的知识，你会作出什么改变呢？在练习10－2中设定一个目标。

运动与健康

合理的运动使我们充满活力、身体健康并增进心肺功能。首先，在练习10－3中评估一下你的现状。

练习10－2	制定计划

改变饮食习惯很困难，因为它已成为一个习惯。从你刚学过的内容中，选一种方法来改进你的饮食并制订一个目标。要设定实现目标的时限。许多行为心理学家认为坚持某个行为要至少３０天才能将其变成习惯。如果你已经养成一个好习惯并使它成为你的生活方式了，那么可以再开始制订另一个目标！

要养成的饮食目标：

_____

_____

当知道皮肤癌可以预防后，列出２—３种方法：

_____

_____

练习10－3　　　　你现在的体育锻炼水平如何？

在符合你情况的语句前画"✓"

＿＿＿＿我每周至少运动三天，让自己心脏加速跳动，让自己出汗。

＿＿＿＿我尽可能走路、爬楼梯。

＿＿＿＿每周至少两次力量训练（举重和俯卧撑等）。

＿＿＿＿每周至少两次拉伸肌肉练习。

＿＿＿＿＿我喜欢某项运动或娱乐活动（比如远足或骑行），并且这项运动要求身体活动起来。

以上这些都应该打勾，除非你因病要限制某些运动，对于任一项你未打勾的，将其作为你的目标，争取下个月完成改变。

记住，一次完成一项。

对健康来说，运动至关重要

虽然合理的饮食很重要，但这只是保持健康的一个因素，饮食和运动紧密相连，运动和健康的饮食好处包括以下几点：

● **骨骼的生长和保护**：富含钙和维生素的食品促进骨骼生长，此外，负重练习对于维持骨骼健康也很有好处。

●　**肌肉与脂肪含量**：肌肉含量越高，就越强壮，越有精力，并释放出内啡肽，一种让人产生欣快感的物质。

● **预防老化**：一些研究显示运动可以增加脑细胞的数量，预防阿尔茨海默症，并减缓衰老过程。

当然，在开始任何运动项目前，最好先去咨询一下医生。

有两种基本的运动类型：**有氧运动**（如心肺训练）和**无氧运**

动（多是力量训练和灵活性训练）。你应该有规律地进行这两项运动，有氧运动令你脉搏加速，大量出汗，比如跑步和打篮球。有氧运动可以提升心肺功能，还可以将脂肪转化为肌肉。无氧运动是可以增强肌肉力量、持久力、灵活性，比如举重、瑜伽和拉伸练习等。（见表10—3）

表10—3	运动类型	
运动类型	益处	举例
有氧健身或心肺功能训练	增强心肺功能	有氧舞蹈、跑步、游泳和篮球等运动
力量训练（无氧运动）	增强肌肉群	举重、俯卧撑、仰卧起坐
柔韧性练习（无氧运动）	防止受伤	拉伸练习和瑜伽

注意：不同类型的运动可以进行组合，举例来说，重复做轻量级的举重运动可以使你在举重训练中增加有氧训练。

现在，花点时间看一下图10—2中的运动金字塔，在练习10—4中评估一下你的运动状况。

图10—2　　运动金字塔

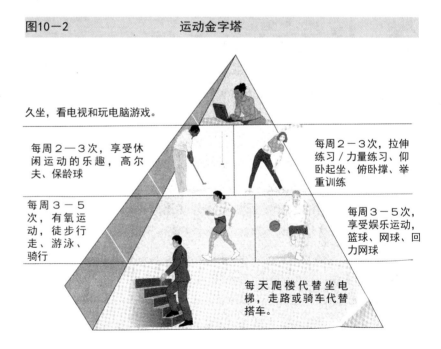

资料来源：根据布鲁斯·考伯特,杰夫·安肯,卡伦·李编：《为卫生专业的学生编写的解剖学与生理学：一段互动之旅》,培生教育出版集团2007年版整理。

练习10—4　　　　你的运动程度如何？

选择符合你实际情况的答案，在前面的数字上画圈，得出总分

运动后我的情况是：

1.脉搏无任何变化（看电视）

2.小变化（散步）

3.脉搏有一点加快（中速行走、高尔夫）

4.一些呼吸急促、出汗、使脉搏跳动快速的运动。（网球）

5.持续地心跳加速，呼吸急促，大量出汗（慢跑、篮球）

每次运动花的时间：

1.0— 5 分钟

2.5—15分钟

3.16—30分钟

4.31—45分钟

5.超过45分钟

每周运动几次？

1.0－1

2.2

3.3

4.4

5.5或更多

总分数＿＿＿

3 分＝不爱好运动—沙发土豆（指整天躺在沙发上看电视的人）

4—6分＝有点儿爱好运动

7—9分＝比较爱好运动—还可以但仍需改进

10—12分＝喜欢运动—非常好—你一定是一名运动健将

不管分值多少，你都可以让自己做得更好。如果你的分值在9以下，你需要做出改变，提高你的运动水平。

根据ＳＭＡＲＴ原则制订计划：

＿＿＿＿＿＿＿＿＿＿＿＿

＿＿＿＿＿＿＿＿＿＿＿＿

拥有一颗健康的心脏

对心脏有益的饮食应该是饱和脂肪含量低（适量的脂肪是有益的），维生素含量高，包含很多水果蔬菜，这才有助于维持心血管的正常工作。然而，仅注意饮食还不够，规律的运动非常重要，哪怕是简单的快走。每天30分钟就够，每周3—4次，对心脏健康非常有帮助。当然，运动强度还要根据每个人的身体情况来确定。

关于运动，这里有几点，你要记在心里：

• 不要当"沙发土豆"，让适量的运动成为你日常生活的重要组成部分。

• 尽量多走路，即使每天多走一点点。举例来说，不要浪费时间去寻找更近的停车场，边走边欣赏风景，如果可以，尽量多爬楼梯。

• 享受体力活动，如铲雪或修剪草坪。

• 找一项娱乐活动（滑雪、远足、跳舞），这些都需要运动，且很有乐趣。种类多一些会让你更喜欢运动，所以试着把几种活动组合一下。

• 试着在运动过程中交朋友。找一个可以帮助你坚持的同伴，做好约定，这样你俩都能坚持下去。运用目标设定原则，比如写下专门的目标并在达成时奖励自己。

• 谨慎使用那些能增强肌肉的药物，许多都很危险并且有严重的副作用。再说一次，面对营养品与养生方法，一定要先严肃认真地调查一番。

• 经常咨询你的医生，选择合适又安全的运动项目。

保持健康的体重

通过表格可以看到根据年龄、身高、体重、性别和体型，理想体重的范围（见表10-4）。应该知道你的理想体重，并保持在这个水平，上下可以浮动几磅。超重会增加患高血压、心脏病、中风和多尿症的危险系数。体重过轻又容易患骨质疏松症（骨质脆弱）。而且与健康体重的人群相比，体重过轻也会缩短寿命。

表10-4	理想体重查询表		
女性理想体重			
身高（厘米）	小骨架（斤）	中等骨架（斤）	大骨架（斤）
147	92-100	99-110	107-119
150	93-102	101-112	108-121
152	94-104	103-114	111-124

续表

155	96-106	104-117	113-127
157	98-109	107-120	116-130
160	100-112	110-122	118-133
162.5	103-115	112-125	121-137
165	106-118	115-130	124-141
167.6	109-121	118-131	127-144
170	111-123	120-133	130-148
173	114-126	123-136	132-151
175	117-130	129-139	135-154
178	120-131	129-141	138-157
180	122-134	131-144	140-160
183	125-137	134-147	143-162

男性理想体重			
身高（厘米）	小骨架（斤）	中等骨架（斤）	大骨架（斤）
157	116-121	119-128	125-136
160	118-123	120-130	127-138
162.5	120-125	122-131	129-141
165	121-127	124-134	130-145
167.6	123-129	126-137	132-149
170	125-131	129-140	135-152
173	127-134	131-142	137-156
175	129-137	134-145	140-160
178	130-140	137-148	143-163
180	132-142	140-150	146-167
183	135-145	142-154	149-170
185	138-149	145-158	152-174
188	140-152	149-161	156-179
190	143-156	151-165	160-183
193	147-160	155-170	164-188

　　如果超重，你需要消耗更多的热量来减肥，可以通过少食和多运动来实现。如你需要增加体重，就要多吃，但仍要坚持运动。让

我们具体看看这两种情况，首先从超重开始。

你是否听说过这个词语"一年级学生15"，意思是一些学生在第一年毫不费力地就能增重15磅。这主要是源于压力下的暴饮暴食与食用快餐，非常不推荐经常食用快餐。并不是每个人都会增重15磅，但即使是增重 5 磅也是比较严重的问题。以下简单有效的方法可以避免这种情况：

- 遵守本章的营养法则和饮食注意事项。
- 注意流行的食疗方法。这些饮食可能根本无法提供必需的营养和维生素，却会增加肾的负担，还会造成心脏病。所以开始一项饮食计划时，要咨询医生。
- 多喝水。健康还可以减少饥饿感。
- 慢点吃。大脑要花10—20分钟时间才能知道是否饱了，所以慢一点，这样你不会吃太多。此外，细嚼慢咽，有助于消化，更可慢慢地享受美味。
- 饮食要规律，早餐一定要吃。最好吃一些水果、全麦面包之类的食物。低脂或脱脂牛奶，再加一个鸡蛋。少食多餐，分散开来，比一天中两三次暴饮暴食对身体更好。
- 不要用吃来解决情绪问题，要选择健康的情绪调节方法。
- 远离自动售货机。
- 深夜不要吃东西，尤其是睡前，因为在这时，身体要休息，无法消耗热量，会增加负担。
- 少摄入脂肪、胆固醇，要有足够的新鲜水果和蔬菜，少吃糖和盐。
- 饮酒要适量。

另一个极端是体重过轻，这会导致营养不良，对身体成长、修复正常功能都不利。那些体重极度过轻的人通常都会有一些心理问题，如，进食障碍。进食障碍是由于饮食习惯无法控制引起的。

神经性厌食是经常发生在女性身上的一种进食障碍，由于怕变胖而过度节食造成的。即使已经骨瘦如柴，仍觉得自己很胖，继续减肥，以达到不可能的"理想身材"。而神经性贪食症也就是暴饮暴食症，指的是一个人吃大量的食物，再让自己吐出去，导致消化系统紊乱。患贪食症的人大都能意识到自己的不正常，而那些患神经性厌食症的人却意识不到自己的问题，这两种情况均需要得到心理学和医学上的治疗。

优质的睡眠

身体需要睡眠来修复和恢复体力。休息不好就容易导致精力不够、容易生病、脾气暴躁、健忘和反应速度减缓。这也意味着你在浪费宝贵的学习时间，不能高效地阅读，失误更多，学习和个人生活也会受影响。

在古代，睡眠是建立在白天和黑夜相互交替这种自然循环的基础上的。电灯泡、电视、电脑的发明已改变了这个规律。很多研究表明，我们需要每晚7－8个小时的高质量睡眠，高质量睡眠指的是我们大多数时间处于深度睡眠，非快速眼动睡眠（NREM），少部分处于浅睡眠，或快速眼动睡眠（REM）。非快速眼动睡眠是睡眠的一个阶段，时间较长，此阶段，身体、大脑活动减弱。快速眼动睡眠持续时间较短，反复出现，梦多发生在此睡眠阶段。

健康的睡眠通常两者都有，但通常是80分钟的深睡眠之后有10分钟的浅睡眠，如果这个循环被打破，就会影响睡眠质量。换句话说，如果你大多数时间都在浅睡眠状态，那么即使你睡10个小时，也无法恢复体力。数量（7—8个小时）和质量（大部分时间都在深度睡眠）对健康睡眠都很重要。

以下建议可帮助你有一个健康的睡眠：

- 可以自测一下自己的睡眠质量如何，如果你在课上经常打盹或打哈欠，那么你的睡眠肯定不好。
- 有规律的作息时间表可以使你的身体将睡眠与特定的时间联系起来，睡7—8个小时，即使在周末也要按照规律作息。
- 如果必要的话，减少噪音，可以用舒缓的声音来代替干扰声音。
- 白天不要打盹、小睡，因为它会打乱你的正常睡眠。
- 关灯：即使你已睡着，光线也使你停留在浅睡眠状态。

> 睡眠是身体的保证。
> ——托马斯·德克

- 不要熬夜学习。
- 睡前放松而不要紧张，可以听舒缓的音乐，沉思、冥想、或是洗个热水澡。不要饮酒和摄入咖啡因（咖啡、茶、巧克力和可乐），因为他们会让你无法进入深度睡眠。还要规律地运动（但不要在睡前3小时运动）。
- 确保睡眠环境很舒适。
- 不要躺床上还担心睡不着。可以起来做一些无聊的事，直到你感觉疲倦为止。

做练习10—5，然后作出积极的改变，提高你的睡眠质量，祝你好梦！

练习10—5   提高你的睡眠质量

制订一个计划：根据你所学的关于睡眠的知识，做出积极的改变以改进睡眠习惯。写下计划放在床头。一旦你的计划成功了，再试着向下一个目标努力。

_____

_____

_____

预防疾病

合理的饮食与运动、高质量的睡眠是免疫系统正常工作所不可缺少的。免疫系统可以防止疾病的发生，它的正常工作还需要其他因素的配合：

- 经常洗手可以简单有效地预防疾病的传播。
- 增强免疫系统，以使其能抵抗病菌，向疾控中心和防治疾病的网站咨询可以得到推荐的免疫计划。许多学校推荐接种脑膜炎疫苗，因为这种病的爆发与群居有关，比如集体宿舍，一些人错误地认为只有儿童才需要接种疫苗，其实不然，比如流感疫苗，它对成年人与老年人同样重要。

- 遵照医生要求使用抗生素，不要随便停药，否则会很危险，未被杀死的病菌会繁殖出更强的具有抗药性的后代，会产生耐药性。

- 防止性传播疾病的扩散，性传播疾病会对生殖系统产生严重的后果——对身体产生致命的后果。许多疾病通过无保护措施性行为传播，见表10—5，列出了各种性传播疾病（本表由疾病控制防治中心编纂），安全的性行为可以减少或控制性疾病的传播。

表10—5　　　　　　　　　　　性传播疾病

疾病名称	病原体	症状
疱疹	疱疹病毒—2，难治愈，突发性强，一些药能降低发病率	男性：生殖器上长满充满液体的疱疹 女性：阴道内外起水疱
淋病	细菌，用抗生素治疗	流脓水，疼，尿频，可导致不孕症
衣原体	细菌，用抗生素治疗	流水，灼热感，生殖区疼痛，可导致不孕症
梅毒	细菌，用抗生素治疗	偶发性疼痛
尖锐湿疣	人乳头瘤病毒（HPV）	生殖器上长菜花状的瘤
艾滋病	HIV病毒，可破坏免疫系统，无药可治，但药物可以放慢疾病恶化过程	导致免疫系统功能变弱的有关症状

即使采取最好的预防措施，仍然会生病，那就要去看医生。有时很难决定什么时候该去看医生，建议当你不知该怎么办时，就去看医生，因为"安全第一"。

练习10—6将帮你创建个人健康档案。

练习10—6　　　　　　　　健康档案

完成下面的问题和活动，建立个人健康档案。将这些信息放到一个方便的、显眼的地方，以使自己在需要的时候可以快速找到。

医疗保险号和电话号码：

_____

_____

医生的住址，电话号码和传真号码：

_____

_____

免疫记录（如果你有病历本，将其放进你的档案中）：

_____

_____

病史：

_____

_____

外伤（包括日期）_____

住院时间与原因_____

过敏症状_____

疾病_____

开的药和剂量_____

药物不良反应_____

家族病史（你的父母、祖父母或兄弟姐妹有的疾病）_____

_____

_____

你有权复印病历、血常规检查结果等，将这些复印件装进档案里，此外，将医保卡拍照备存，以防丢或钱包被盗。其实，拍下来信用卡的正反面、保险卡、执照也很有用，这样你便知道哪些需要更换，还可以快速找到电话号码，来注销卡片和申请换卡。

避免接触有害物质

药物对于治疗疾病、保持健康非常有用，而药物滥用则是非医学用途的使用，会改变体质、情绪和精神状态与行为。简单地说，药物滥用对身体、心理和精神都有害。

人们滥用药物有许多原因：寻求快乐、同辈压力或逃避现实。那些缺乏自尊心和自信的人若长期使用，会导致上瘾。身体会变得越来越依赖（身体离了它就不能正常工作）或心理上的依赖（你觉得非常需要它）。药物滥用对使用者和他的家人、朋友、同事都会带来伤害。

记住，药物滥用不仅导致个人毁灭性的健康问题，而且对其周围的人来说也是一场灾难。让我们从烟草开始！

烟草。烟草含有使人上瘾的尼古丁，而尼古丁会使人生理和心理上瘾。抽烟是呼吸道疾病的第一元凶。抽烟可严重损害肺部组织，还可引起支气管炎，肺部囊肿、哮喘等慢性疾病。此外，抽烟会增加肺部感染和感冒的机率，还会引发鼻窦炎。大约80%的肺癌是抽烟导致的。抽烟还会减少氧气输送到心脏，造成心肌缺血，从而影响心脏健康。抽烟与饮酒使得胃癌和口腔癌的发病率上升。

抽烟不仅对抽烟者有害，对周围人也同样有害，因为他们在抽二手烟或称被动吸烟，危害更大。抽二手烟导致每年3000人死于肺癌，并且对小孩危害更大。

抽烟的孕妇可能会生出体重较轻的婴儿、早产或是增加胎死腹中的机率。讨论婴儿和儿童时，不要忘了二手烟在家中的危害。父母只要有一个人抽烟，小孩的肺部就可能发展减缓，而且增加了患支气管炎、哮喘和中耳炎的机率。

无烟的香烟或咀嚼烟草同样很危险，咀嚼烟草可患口腔癌与许多消化系统疾病（况且，这是一个多么令人恶心的习惯）。

如果你抽烟，戒了吧！你一定不想使你和周围的人都受伤害，可以使用其他的替代品，如尼古丁片和口香糖。

电子烟是含尼古丁的另一种替代品——但不要认为它就是绝对安全的，它也含有其它化学物质。这有一些其他戒烟的小提示：

- 寻找团队支持和已戒烟或想戒烟的朋友的帮助。
- 不去那些诱使你抽烟的场合，
- 用运动或步行等健康方式来替代。

令人痛心的事实

美国，每年由于抽烟大约死掉40万人。

请勿吸烟

肺在工作

--- 成功的戒烟案例 ---

作者在上大学时，一个好朋友一天能抽两包烟。然后，一年中，作者每天都把他朋友抽烟的钱存起来，年底买了一台大电视，那时，一包烟50美分，这让作者的朋友感到震惊，从此不再抽烟。用今天的价格算一下，某人一天在香烟上花6美元，一年就是6个365即约2200美元。这足够买一台非常好的电视了，而且还能让身体更健康。

- 用胡萝卜或芹菜或其它健康的东西来替代香烟。
- 设定目标，并与信任的朋友约定执行。

酒精。虽然允许在法定年龄饮酒，且保证不酒后驾车，但是事实上经常发生酒精滥用。一旦酗酒，会产生许多身体和心理问题。酒精影响所有的身体系统，而且伤害肝脏。酒精还影响睡眠质量和营养吸收，减缓反应速度，让人作出不好的或危险的行为。举个例子，学生逃课、无措施性行为和出事故通常都与饮酒有关，做练习10—7，测一下你的饮酒状况。

> **酒精之害：在美国**
>
> 近60万名学生饮酒后受伤。
>
> 大约25%的学生因喝酒而导致学习成绩下降。
>
> 每年超过200万学生酒后开车。
>
> 每年大约40万名学生在酒后发生无保护性行为。

练习10—7　　　　　　你有饮酒问题吗？

对下面的问题答"是"或"否"，

_____你心情低落时会喝酒吗？

_____你必须在某个特定时间喝酒吗（饭前或饭后）？

_____你是否试过戒酒但是发现自己做不到呢？

_____其他人是否告诉过你他们很担心你喝酒？

_____你试图隐瞒自己喝过酒吗？

_____你是否需要大量饮酒才能达到想要的状态？

_____如果喝酒已经影响了你的健康，你是否还要继续喝呢？

_____你酒后开车吗？

_____你是否为逃避某人或是想成为某人的样子而喝酒？

_____你每天饮酒吗？

_____你独自饮酒吗？

_____你是否感到自己摇摇欲坠，需要喝酒来解脱？

算法非常简单，如果你对某个问题回答"是"，那么这就是你的问题所在，需要专业的咨询帮助，此外，像匿名戒酒协会这样的组织可以帮助你解决问题。

　　*非法饮酒。*一些人会滥用在普通药店就能买到的药品（也被称为非处方药），举例来说，滥用感冒药中的抗组胺剂，可造成困倦，引发车祸。一些人靠食用街头的非法药物而获得飘飘欲仙的感觉，或要逃避问题。然而，这种感觉不会持续太久，所以他们就需要越来越多的药品来维持这种感觉，导致上瘾，此外，当这种感觉消失时，问题会变得更糟。经常是情绪高涨时表现得非常不负责任，这会对自己和周围人的生活造成很多困扰和问题，见表10—6。

表10—6	列出了一些经常被滥用的药物及其副作用
药物名称	副作用
海洛因	过量会致死，注射此药物的人常通过注射器感染了艾滋病和肝炎
可卡因	过度上瘾达到致死剂量并会导致心脏病
大麻	改变心态、使精力涣散、动作不协调，反应速度变慢，可导致车祸或其他意外事故（因为他们自以为能控制自己，但是不能。）
迷幻药	恶心，视觉变差，出现幻觉，抑郁，长期使用可导致永久大脑损伤，抑郁症和失忆
安非他明	体重减轻，营养不良，疼痛，长期使用导致暴力和攻击性行为
镇静剂	呼吸变慢甚至停止
吸入剂（吸入胶体或喷雾剂）	损伤大脑、肝脏、肾脏
促蛋白合成类固醇（增加肌肉）	副作用很多，女性会变得更男性化（乳房缩小、体毛生长、秃顶、声音变沉），男性：高血压、减少精子数量、粉刺、心脏病、性功能障碍。不管男女都会对肝脏和肾脏造成损害

★注意：所有非法药物都违法，并会受到刑罚。

　　一般在无助、自卑或逃避问题时会发生药物滥用。咨询治疗与支持小组治疗方法是两种有效的方式。但若要治疗上瘾，除了咨询以外，还需要临床治疗减轻生理上的反应。戒毒中心提供了一个可控的环境帮助病人度过停药期，当然，最好的治疗也不如从不滥用药物。

如果你正在用一种消遣性药物，并想测试一下看自己是否有问题，那就回到练习10—7，再做一遍，只是将酒精换成药物名字。

选择健康的生活方式

目前为止，我们已向你介绍了很多知识，可帮助你选择合理饮食、运动、睡眠等生活方式以及避免食用有害药品等。一些生活方式可让你更长久、更健康、更快乐的生活。比如：

做好安全工作：

- 统计学证明系上安全带可以增加安全系数。
- 不要酒后驾车。
- 不要在夜晚独行，确保你的车和家门锁好，以保证安全。
- 做好疾病预防工作。
- 保持良好的饮食与运动，加上健康的生活方式来预防疾病。
- 定期去看医生、牙医和眼科医生。
- 出现新情况，立即去看医生，比如听力损伤。
- 龋齿和不良的口腔卫生会导致糖尿病和心脏病。牙线可以帮你保持口腔卫生，预防心脏病。因为，如果不注意口腔卫生，口中会滋生细菌并进入血液，然后到达全身引发各种问题。
- 了解癌症可能的病因及症状。以下任何一种因素都会引发细胞癌变，比如基因、辐射、太阳暴晒、抽烟、不合理饮食、病毒和接触化学品等。基因和病毒引发的癌变是很难避免的，然而，许多癌症是可以通过健康的饮食和运动来预防的。

图10—3可以让你了解癌症的可能病因与症状信号。

选择一个安全的居住和工作环境：

- 为避免听力受损，可戴耳塞来保护耳朵，防止噪音危害。
- 有防护作用的眼罩可以保护眼睛，防止受到伤害。
- 接触危险品或烟雾前，要戴上防护面罩，穿上防护服。

• 腕管综合征与重复性动作有关，比如敲击键盘、弹钢琴或敲打动作等。这会造成神经损害，也会导致手指麻木。键盘放置的高度要合适，为了防止出现这种症状，打字或使用鼠标时需要间断性的休息、放松。

图10—4　　　　　　　癌症的起因和信号

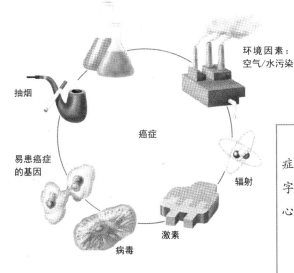

工业、食物、化妆品和塑料中的化学品

环境因素：空气/水污染

抽烟

癌症

辐射

易患癌症的基因

激素

病毒

（从最上方顺时针依次为）

　　美国癌症协会列出了几种癌症信号，这几种信号的每个词的首字母合起来是"CAUTION"（"小心"的意思)。

C肠道受损害或增生囊状物

A治愈不了的疼痛

U不寻常的流血或液体流出

T胸部或其他地方变厚或有肿块

I消化不良或吞咽困难

O疣或痣的明显变化

N不断的咳嗽或声音嘶哑

资料来源：根据布鲁斯·考伯特,杰夫·安肯,卡伦·李编：《为卫生专业的学生编写的解剖学与生理学：一段互动之旅》，培生教育出版集团2007年版整理。

重要的心理健康问题

近年来，人们学会了用保护措施来防止听力损伤。

心理健康很重要，一项研究显示超过30%的一年级学生感觉压力过大，我们已经讨论过压力及如何处理压力，但是当这些感觉真的如排山倒海般压向你的时候该怎么办呢？每个人的一生中都会有起有伏，但抑郁是无论做什么都会存在的感觉，无论如何也解决不了。

根据美国心理健康中心数据统计，美国每年有2千万人患抑郁症。这是一种普遍的疾病，经常被误解，且尚未找出病因。有些人错误地认为抑郁症是因为太软弱了，变得坚强就可以了。但是事实上，抑郁的背后很可能有基因和生物学上的原因。

经历灾难或失去爱人时感到悲伤是很正常的，但如果这种悲伤持续了很长时间并影响到了正常的生活和工作，就很可能得了抑郁症。有时一些人处于抑郁状态，但不知道这就是抑郁症的表现，下面是一些常见的症状：

- 对生活不感兴趣
- 经常哭泣
- 睡眠变化（或增加，或减少）
- 精力、性欲下降
- 胃口变化（或变大，或变小）
- 感到自己没有价值、无助、沮丧、无望
- 易怒
- 注意力和记忆力出现问题
- 产生自杀念头
- 学习、工作表现变差
- 与朋友和家庭隔离

抑郁是可以治疗的。采用药物、心理治疗或二者兼用是可以减轻症状的。如果你发现你的朋友有这些症状，要尽你所能使其获得专业的帮助。如果你本身就患有抑郁症，找可以信赖的朋友，并寻求专业的帮助。

自我测试　关于抑郁

判断下面句子的正误。

_____青少年不会患"真"的抑郁症。

_____患抑郁症的人是软弱的。

_____谈论抑郁症会使情况更糟。

_____那些谈论自杀的人不会真的自杀。

这些观点全是错的，对于抑郁和心理疾病有很多误解。有心理问题通常被认为是可耻的，从而使那些患者隐瞒自己的情况。我们在感冒或胳膊受伤时通常不会隐瞒，但当我们可能长时间地伤心（抑郁）并需要帮助来解决问题时，为什么不能直接面对呢？

精神健康

精神是看不见摸不着的，它使我们思考我们是谁，我们为什么会存在，以及我们的目的是什么。虽然许多人讨论宗教，讨论灵魂是否存在，但没有人讨论过人类是否有能力对其存在产生疑问。这就是我们正在讨论的议题——本性或精神。质疑精神世界改善自己的生活及生存的世界。在练习10—8中，将有机会探索你的本质。

练习10—8　　　　　探索我们是谁

精神世界的探索，其中一部分是探索"我们是谁"。在中世纪，大多数人不会写字，用记号和图画来交流。武士在盾牌上画上图形作为标记，区分盾牌属于谁。

徽章

想一想并回答以下问题，然后，画一个代表你的盾形图章。有兴趣的人可以试一下，要有创造性。

谁是我的生命中重要的人？

_____

我的种族背景和家族传统是什么？

_____

我的家庭中比较重要的传统和习俗是什么？

_____

我什么事做得最好？

_____

我喜欢哪种书、电影和音乐？

_____

我的梦想是什么？

_____

我喜欢哪些活动？

_____

对我真正重要的是什么？

_____

我的座右铭是什么?

_____

我如何做才可以改善家人、朋友的生活，改善我们的社区环境?

_____

运用以上问题给予你的灵感，画出你的盾形图章。

```
┌─────────────────────────────┐
│                             │
│                             │
│                             │
│                             │
│                             │
│                             │
│                             │
│                             │
│                             │
│                             │
│                             │
│                             │
└─────────────────────────────┘
```

实现精神健康的一些建议:

- 永远追寻生命更高层次的意义。

- 把社区环境建设得更好，到公益组织中做志愿者。

- 可以去儿童医院、福利院给孩子们读书讲故事，还可以献血。

现在，本章已接近尾声，我们衷心地祝愿你能在人生旅途中笑口常开、一帆风顺、事业有成，也希望本书和网站My Student Success Lab的活动能为你提供服务和帮助。

---制订合理的计划---

朱尔斯的爸爸每天吸两支烟，最终死于肺癌。他很想念爸爸，特别是当他自己有了一个2岁的女儿、成为父亲以后。朱尔斯重返学校学习，但是压力使他又开始吸烟，另外，他也停止了锻炼身体，导致体力开始下降。他希望在学校变得更好、更健康，他害怕自己吸烟越来越严重。尝试给他一些建议来帮助他。

_____
_____
_____
_____
_____
_____

部门名称 _____

办公地点 _____

电话号码 _____

邮箱地址 _____

了解你的学校

学校应提供一些服务帮你提高健康水平，确定学校有哪些可以帮助你的资源。如个人咨询服务，健读中心，体育馆。为了方便查找，列出这些信息，并放在显著位置。（如贴在冰箱上）。